KARWENDEL UND WETTERSTEIN

Michael Pröttel

Mit Tourenkarten zum Heraustrennen

BRUCKMANN

DER AUTOR
Michael Pröttel, geb. 1965, Studium der Geografie und Landschaftsökologie, ist tätig als Journalist und Fotograf, u. a. für die Zeitschrift Bergsteiger. Die historischen und geografischen Besonderheiten europäischer Gebirgslandschaften sind seine Leidenschaft. Außerdem befasst er sich intensiv mit natur- und sozialverträglichen Tourismuskonzepten. Er ist Vorsitzender der Alpenschutzorganisation MOUNTAIN WILDERNESS Deutschland.

Ein kostenloses Gesamtverzeichnis erhalten Sie beim
Bruckmann Verlag
D-81664 München
www.bruckmann.de

Lektorat: Solveig Michelsen
Layout: Der Buch*macher* Arthur Lenner, München
Kartografie: Annelie Nau, München
Herstellung: Thomas Fischer

Alle Angaben dieses Werkes wurden vom Autor sorgfältig recherchiert und auf den aktuellen Stand gebracht sowie vom Verlag geprüft. Für die Richtigkeit der Angaben kann jedoch keine Haftung übernommen werden. Für Hinweise und Anregungen sind wir jederzeit dankbar. Bitte richten Sie diese an:
Bruckmann Verlag
Lektorat
Innsbrucker Ring 15
D-81673 München
E-Mail: lektorat@bruckmann.de

Bildnachweis:
Alle Fotos auf der Umschlagvorderseite und im Innenteil von Michael Pröttel.

Die Deutsche Bibliothek – CIP Einheitsaufnahme
Ein Titeldatensatz für diese Publikation ist bei
Der Deutschen Bibliothek erhältlich.

© 2003 Bruckmann Verlag GmbH, München
Alle Rechte vorbehalten.
Printed in Italy by Printer Trento
ISBN 3-7654-3909-6

PIKTOGRAMME ERLEICHTERN DEN ÜBERBLICK:	Schwierigkeits- grad:		
	◯ leicht	🏃 km	Weglänge
	◖ mittel	🕐	Gehzeit
	⬤ anspruchsvoll	⛰	Höhenunterschied
		☺	kindgerecht

ZEICHENERKLÄRUNG ZU DEN TOURENKARTEN

A4 ○ 9	Autobahn	Aussicht	
40	Hauptstraße	Einkehr/Hütte	
	Landstraße	Kirche/Kloster	
	Nebenstraße/Ortsstraße	Turm	
	Fahrwege	Museum	
	Forstweg	Therme	
	Fußpfad	Denkmal	
	Bahnlinie mit Bahnhof	Schloß/Burg/Ruine	
Ⓐ ⤳ Ⓔ	Tourenführung mit Anfangs- und Endpunkt	Höhle/Grotte	
	Tourenvariante	prähistorische Fundstelle	
Mittenwald	Sehenswerter Ort/Stadt	Strand	
▲	Gipfel	Camping	
	Pass	Rastplatz	
◆ ▼	Quelle - Wasserfall	Information	
P	Parkmöglichkeit	+ Bildstock	
⊛	Bushaltestelle	Markanter Baum	
▭	Bahnhof	Landschaftlicher Höhepunkt/ Sehenswert	
Ⓔ Ⓐ	Anfangs-/Endpunkt	Mühle	
➤	Richtungspfeil	Flughafen	
10	Touren-Nr.		
○——○	Seilbahn	Tunnel	
■——■	Gondelbahn	→ Randhinweispfeil	
👣	Fernwanderweg		

0 — N — 1 km   Maßstableiste (1 : 100.000)

INHALT

Einführung

Nicht weniger als 28 Gipfel eroberte der Karwendel-Pionier Hermann von Barth im Jahr 1870. »In manchen Partien schwieriger als gewöhnlich«, beschrieb er die Anforderungen für die – damals freilich noch weglosen und unmarkierten – Anstiege. Doch

all die Widrigkeiten des großen Gebirges, so Barth, würden »seine völlige Vergessenheit nicht rechtfertigen«. Heutzutage sind sowohl das Karwendel- als auch das Wettersteingebirge bestimmt keine Geheimtipps mehr. Dennoch wird man beim Erwandern dieses Führers viele einsame Plätze finden, bei denen die Hektik unserer industriellen Ballungsräume schnell in weite Ferne rückt. Der besondere Reiz dieser beiden Gebirgs-

Der idyllische Barmsee

gruppen liegt in ihrem unglaublich abwechslungs- und kontrastreichen Landschaftsbild. Liebliche Bergseen und enge Klammen, sanfte Wiesenkuppen und gewaltige Hochgebirgsgipfel, weite Täler und scharfkantige Grate – bei den 35 vorgestellten Touren ist für jeden Geschmack etwas dabei. Dabei sollte man auf keinen Fall versuchen, von Barths Gipfelrallye nachzueifern. Ganz im Gegenteil: Nehmen Sie sich etwas Zeit und genießen Sie mit Hilfe dieses Buches wunderschöne Bergsommer im Wetterstein und Karwendel.

Land und Leute

Stolzer kann sich ein Gebirge wirklich nicht präsentieren: Nahezu senkrecht ragen die massiven Nordwestwände des Wettersteingebirges über dem Eibsee auf und finden an der Zugspitze mit 2962 Metern sogleich ihren höchsten Punkt. Vom direkt anschließenden Felskessel des Zugspitzplatts strahlen – wie die Teile eines Kometenschweifs – drei scharfe Bergketten nach Osten aus und sind voneinander durch tief eingeschnittene Täler getrennt, die teilweise so eng sind, dass die Bergbäche nur in dunklen Klammen einen Durchschlupf finden. Keine Frage, das Wettersteingebirge ist ein sehr kompaktes Bergmassiv. Nicht einmal 20 Kilometer Luftlinie liegen zwischen dem Schneefernerkopf über Ehrwald und der Unteren Wettersteinspitze oberhalb von Mittenwald.

Da hat sich der Nachbar schon um einiges breiter gemacht: Die vier von West nach Ost ziehenden Hauptketten des Karwendels erstrecken sich über mehr als 30 Kilometer. Zwischen ihnen liegen lange, breite Täler, deren weite Joche mehrtägige Gebirgsdurchquerungen ermöglichen. Spektakulär endet indessen auch das Karwendel. In Form einer riesigen, steilen Gebirgsflanke taucht es von der Seekar- und Seebergspitze aus in die dunklen Tiefen des Achensees ab.

Wasser begleitet in beiden Gebirgen den schwitzenden Wanderer

nahezu auf Schritt und Tritt – mit einer dem jeweiligen Gebirge entsprechenden Morphologie: Dem Wetterstein sind kleine idyllische Bergseen (Eibsee, Ferchensee, Lautersee) vorgelagert; die Wildbäche haben sich in den engen Tälern tief in den Fels eingeschnitten (Höllental-, Partnachklamm). Das Karwendel hingegen wird von drei großen Seen flankiert (Walchensee, Achensee, Sylvensteinspeicher), die wiederum von Bergflüssen gespeist werden, die in vergleichsweise weiten Tälern dahinschäumen (Isar, Rißbach).

Vom Mahnkopf aus bietet sich ein eindrucksvoller Blick auf die Laliderer Wände.

Eines haben die beiden ungleichen Nachbarn aber gemeinsam: Sie trennen die bayerische Bevölkerung im Norden von den südlich der Gebirgsketten lebenden Tirolern. Manchmal etwas großspurig und hochfahrend die Bayern, bescheidener, karger und in der Regel verschlossener die Tiroler, treffen und vermischen sich die beiden Volksgruppen im Tal der jungen Isar zwischen Scharnitz und Mittenwald. Hier wird Oberbayrisch mit tirolerischem und lechrainischem (eine Art des Schwäbischen) Einschlag gesprochen. Ein Kinderreim verdeutlicht den multikulturellen Austausch: »*Anderle, wanderle schlog mi it. Kraut und Ruabn mog i it. Bachne Fischlan aß i gern. Du muscht insa Focha wer'n.*«

Hierbei sind *schlog, muascht, Ruabn* oberbayrisch; *Anderle, Fischlan* schwäbisch und *it* ist das tirolerische Wort für »*nicht*«.

Geologie

Bezüglich ihrer Entstehung weisen Wetterstein und Karwendel deutliche Parallelen auf: Das Baumaterial beider Gebirge stammt von Sedimentationsvorgängen im urzeitlichen Tethysmeer vor ca. 200 Millionen Jahren (Trias). Je nach den vorherrschenden Ablagerungsbedingungen (z. B. Wechsel von Überflutung und Trockenfallen des Urmeeres) wurden unterschiedlich harte, zumeist aus Kalk bestehende Gesteinsschichten gebildet. Die härtesten Kalkgesteine entstanden vor etwa 150 Millionen Jahren, als sich ein vulkanisches Unterwassergebirge emporhob, an dessen Kuppen sich mächtige Korallenriffe bilden konnten. Die kilometerdicken Sedimentationsschichten wurden durch die Norddrift der Afrikanischen Platte verbogen, übereinander geschoben und die verworfene Gesteinsmasse etwa 250 Kilometer nach Norden verlagert. Diese Gebirgsbildung erfolgte nicht plötzlich, sondern über einen Zeitraum von mehr als 100 Millionen Jahren und ist bis heute nicht abgeschlossen. Während der sehr feste, bis zu 800 Meter mächtige, helle Wettersteinkalk treffenderweise den Hauptgebirgsbildner im Wettersteingebirge darstellt (gute Beispiele sind die deutlich geschichtete Alpspitz-Nordwand oder die kompakte Südwand der Schüsselkarspitze), besteht das Karwendel mehrheitlich aus leichter erodierendem Hauptdolomit, dessen kleinsplittriger Schutt den Hangfuß der Berge bedeckt. Aber auch im Karwendel findet man feste, senkrechte Schichttafeln aus Wettersteinkalk – als Beispiel sei die beeindruckende Lafatscherverschneidung oberhalb des Hallerangers angeführt. Im Gebirgsinneren bildeten sich bedeutende Rohstofflagerstätten: In die Hohlräume des Wettersteinkalkes drangen erzhaltige Lösungen ein, die den Reichtum der Bergwerkstatt Schwaz begründeten. Salzablagerungen aus Trockenperioden des Urmeeres wurden im Halltal mit Hilfe von Wasser aus dem Berginneren geschwemmt, und unweit des Achensees wird heute noch das im Hauptdolomit eingelagerte Steinöl abgebaut.

Das von tektonischen Vorgängen gebildete Gebirge wurde dann während und nach den Eiszeiten stark überformt: Riesige Gletscher flossen aus dem Inntal über den Seefelder Sattel und den

Fernpass. Vom Partnachtal und aus dem Höllental kamen Gletscher herab und bedeckten das heutige Loisachtal bis auf eine
Höhe von etwa 1800 Metern, im Isartal erreichte die Eisbe-
deckung ähnliche Mächtigkeit. An den Wänden des Wettersteins
reichte die Eisgrenze sogar bis auf 2200 Meter Höhe. Das in den
Gletschern mitgeführte Geröll hobelte die vorher V-förmig zulau-
fenden Täler zu breiteren U-Tälern aus. An den übersteilten Bergflanken fanden nach dem Abschmelzen der Gletscher verbreitet
große Bergstürze statt (→ Wanderung 4). Die flachen Talböden
(wie etwa in der Eng und in der Leutasch) entstanden im Rahmen
der postglazialen Erwärmung, als die abschmelzenden Gletscher
die Täler mit riesigen Geröllmassen zusedimentierten und vieler-
orts Seen entstanden, auf deren Grund sich feinkörnige Sedi-
mente ablagern konnten. Gerade die Gegend nördlich von Mittenwald mit ihren Moränenrücken, Buckelwiesen und (sehr langsam verlandenden) Seen ist ein schönes Beispiel dafür, wie die
Tallandschaften durch die Eiszeiten geprägt wurden.

*Der Eibsee
entstand
durch einen
gewaltigen
Bergsturz.*

Klima
Im globalen Maßstab betrachtet, liegen Wetterstein und Karwendel in einer »feucht gemäßigten« Klimazone, die durch ein ozea-
nisches Westwindklima geprägt wird. Diese gemäßigten Verhältnisse sind aber allenfalls für die Talböden zutreffend. Schon in
Garmisch (708 m) beträgt der durchschnittliche Jahresnieder-

schlag aufgrund der im Nordstau der Alpen besonders intensiv abregnenden Fronten 1370 Millimeter. Auf der Zugspitze (2962 m) werden Werte bis zu 2000 Millimeter und am Großen Ahornboden (1200 m) etwa 1800 Millimeter erreicht. Hier beträgt die durchschnittliche Schneedeckendauer fünf Monate; Schneehöhen von zwei Metern sind keine Seltenheit.

Das Niederschlagsmaximum liegt im Juli (Zugspitze: ca. 200 mm). Die Werte nehmen dann im August ab (ca. 170 mm) und erreichen ihr Minimum in den Monaten September und Oktober (140–130 mm). Dementsprechend sind Spätsommer und Herbst die beste Wanderzeit. Aber auch von Juni bis Mitte August gibt es viele schöne Tage, denn die großen Niederschlagsmengen in dieser Periode gehen meistens mit heftigen, kurzzeitigen Gewitterregen einher, vor denen sich der Wanderer bei hochalpinen Touren in Acht nehmen muss. Ebenso sind bei der Ausrüstung plötzlich auftretende Wetterumschwünge, die Temperaturstürze von bis zu 15°C und Schneefälle bis herab auf 1500 Meter Höhe mit sich bringen können, zu berücksichtigen.

Der Gegenspieler dieser feuchten Witterungsaspekte ist der Föhn (von lat. ventus favonius = lauer Wind). Er führt dazu, dass sich die Verhältnisse genau umdrehen: Während nördlich der Donau trübes Regenwetter herrscht, lösen die lauen und trockenen Föhnwinde am Nordalpenrand jegliche Wolkenbildung sofort wieder auf. Als Nebeneffekt ermöglicht die trockene Luft eine herrliche Fernsicht, wie sie – bei schönem Wetter – allenfalls im Herbst

Morgennebel am Ferchensee

Tipp

Reise Top-Ten:
Höllentalklamm
König-Ludwig-Jagdhaus am Schachen
Großer Ahornboden
Zugspitze
Partnachklamm
Achensee
Altstadt von Hall
Tal der Leutasch
Buckelwiesen bei Krün
Kleiner Ahornboden

vorkommt. Besonders intensiv macht sich der aus dem Süden kommende Föhn in dem Nord-Süd ausgerichteten Isartal bei Mittenwald bemerkbar, das im Vergleich zum Alpenvorland eine deutlich längere Jahressonnenscheindauer verzeichnet.

Große, von der Höhe abhängende Gegensätze sind auch bei der Temperatur zu verzeichnen: Während in Garmisch der Jahresdurchschnitt bei 6,8°C liegt (Durchschnittsminimum im Januar: -2,5°C; Maximum im Juli: 16°C), muss man sich auf der Zugspitze das ganze Jahr über warm anziehen: Jahresdurchschnitt: -4,7°C (Minimum im Januar: -11,6°C; Maximum im Juli: 2,5°C). Wer es wärmer haben will, der muss hinunter in das am Südhang des Karwendels gelegene Innsbruck, wo der Jahresdurchschnitt bei 8°C liegt. Generell wird die großräumig angelegte Wettersituation stark von der jeweiligen Exposition überlagert, wie wir beim nächsten Kapitel sehen werden.

Flora/Fauna

Wer von Norden her ins Gebirge startet, wandert die erste Stunde zumeist durch nicht besonders artenreiche montane bzw. subalpine Fichtenwälder. Diese Waldgesellschaft kommt am besten mit den schattigen und feuchten Bedingungen zurecht, wie sie an der Nordseite der Gebirge auftreten. Ein ganz anderes Bild bietet sich auf den Südhängen des Wettersteins und besonders des Karwendels. Hier, auf der »trockenen Seite«, bedecken Lärchen-, Kiefer- und manchmal auch Zirbenwälder die Bergflanken. Und dazwischen findet man auf einer von Westen über Süden nach Osten reichenden Exposition den wohl schönsten Waldtyp: die sich im Herbst wunderschön färbenden Buchen-/ Bergahorn-Laubmischwälder. Hier wie dort bildet ab einer Höhe von etwa 1700 Metern ein breiter Latschengürtel den Übergang zur alpinen Höhenstufe, wo Zwergstrauchgesellschaften (besonders hervorzuheben ist hier die Alpenrose) und Rasengesellschaften zu Hause sind. Die alpinen Matten verlieren sich schließlich

Der Enzian blüht am Hohen Kranzberg schon im späten Frühjahr.

als Vegetationsstreifen und -inseln in den mächtigen Schutthalden der Felsregion.

Bei den Blumen ist auffällig, wie stark die Blütezeit von der Höhe abhängig ist. Blumenfreunde haben daher den großen Vorteil, dass man den Blüten gewissermaßen hinterherwandern kann: Wenn der Winter die Felsregion noch fest im Griff hat, sprießen im Tal die lilafarbenen Sodanellen als erste Frühlingsboten aus dem (sogar noch schneebedeckten) Boden. Im Mai präsentieren sich dann die Wiesen rund um Mittenwald als wahrer Blumenteppich, und in Höhe der Hochalmen entfaltet sich die Blütenpracht dann Mitte Juni. Die schönsten Vertreter sind Blauer Enzian, Schwalbenwurz-Enzian, Frühlingsenzian (auch Schusternagel), Edelweiß, Silberwurz, Seidelbast, Frauenschuh, Türkenbund und Feuerlilie (alle unter Naturschutz).

Für die Tierwelt bietet das gegenüber dem Wetterstein einsamere und nicht so stark mit Liften erschlossene Karwendel die günstigeren Lebensräume. Wer hier in aller Früh unterwegs ist, kann sogar unweit der Berghütten (z. B. im Schlauchkar) auf ganze Horden von schwarz glänzenden Alpensalamandern treffen. Mit viel Muße ist es möglich, an Feuchtwiesen und kleinen Tümpeln den Bergmolch zu beobachten. Erreicht man die alpine Höhenstufe, begegnen einem oft große Herden von Gämsen. Diese stellen zusammen mit dem weiter unten lebenden Rot- und dem im Vorland lebenden Rehwild eine Bedrohung für die natürliche

Verjüngung des Bergwaldes durch Wildverbiss dar. Sogar das Wahrzeichen der Alpen ist im Karwendel zu Hause: der Steinbock. Das genügsame Tier (es verspeist zumeist Flechten, Moose und ausgedörrte Gräser) hält sich am ehesten an den südlichen Karwendelketten auf. Zu Anfang des vorigen Jahrhunderts war seine Art bis auf etwa 60 Tiere im Nationalpark Gran Paradiso (Italien) ausgerottet, von wo aus er wieder in weiten Teilen der Alpen eingebürgert wurde.

In der Vogelwelt ist der Adler der unangefochtene Star. Geduldig zieht er weite Schleifen in der sommerlichen Thermik, um sich plötzlich mit bis zu 140 Stundenkilometern in die Tiefe zu stürzen – auf der Jagd nach einem Gamskitz oder einem Hasen. Adler können hinsichtlich ihres Aktionsradius eine unglaubliche Reichweite an den Tag legen. So wurde in den 50er-Jahren im Departement Hautes-Alpes (Südfrankreich) ein toter Adler gefunden, der 1952 im Karwendel beringt worden war!

Für Steinböcke sind die einsamen Kare des Karwendels ein idealer Lebensraum.

Da ist die Alpendohle schon ortsfester – kein Wunder, denn sie muss sich ja auch nicht mit Rivalen um riesige Reviere streiten. Sie brütet gesellig in Felsnischen und taucht mit ihren Kumpanen am Gipfel auf, sobald der Wanderer seine Brotzeit auspackt. Mit etwas Geduld frisst der wendige Vogel dem Wanderer sogar aus der Hand. Weitaus scheuer sind da schon die an der Waldgrenze lebenden Schnee- und Auerhühner, und auch den tagsüber im Dickicht schlafenden Uhu wird man selten zu Gesicht bekommen. Die Nagetiere im Karwendel halten ebenfalls lieber Abstand: Schon wenn sie unsere Tritte hören, verschwinden Alpenspitzmaus, Schneehase und die gelegentlichen Murmeltiere in ihren unterschiedlich großen Löchern.

Naturschutz

Während im Wetterstein keine einschlägigen Zonierungen bestehen, ist das Karwendel mit 670 Quadratkilometern eines der größten Naturschutzgebiete in den Ostalpen. Umso widersprüchlicher ist die für den privaten Kfz-Verkehr offene Mautstraße

durchs Rißtal, durch die der Große Ahornboden an schönen Wochenenden mit einer Blechlawine überflutet wird. Alpenschutzorganisationen wie Mountain Wilderness Deutschland fordern die Sperrung dieser Straße und die Einsetzung eines Shuttle-Busses. Der Deutsche Alpenverein (DAV) hat zusammen mit dem Regionalverkehr Oberbayern (RVO) mit dem Bergsteigerbus in die Eng eine gute Alternative

Herbstfärbung am Großen Ahornboden

ins Leben gerufen. Im Karwendel wurden im Rahmen eines drei Jahre dauernden EU-Projekts »Freizeit und Erholung im Karwendel – naturverträglich« die Auswirkungen der Freizeitnutzung untersucht. Das Ergebnis: Während durch Wanderer und Kletterer (abgesehen von der Verkehrsbelastung) keine nennenswerte Konflikte entstehen, müssen für das Mountainbiking, das Canyoning und den Flugsport Lösungen gefunden werden. Wie solche zeitlichen Beschränkungen, ausgewiesenen Bikerouten oder definierten Ein- und Ausstiege an den Flüssen umgesetzt werden, wird sich in den nächsten Jahren zeigen. Über den aktuellen Stand kann man sich bei den Infozentren erkundigen.

Geschichte

Nicht erst seit sich zu Ferienbeginn lange Autokolonnen über Fernpass, Seefelder Sattel und Achenpass nach Süden wälzen, ist die historische Entwicklung im Wetterstein und im Karwendel eng mit ihrer verkehrspolitischen Bedeutung verbunden:
Die ersten Siedlungen im Loisachtal sowie rund um Mittenwald gehen auf die Illyrer um 2000 v. Chr. zurück. Diese wurden um 500 v. Chr. von den keltischen Stämmen verdrängt. Die Herrschaft der Kelten fand 15 v. Chr. ein jähes Ende, als die Stiefsöhne des Kaisers Augustus vom Brenner aus das gesamte Alpenvorland

eroberten. Unter Kaiser Claudius (41–54 n. Chr.) wurde die Region Teil der römischen Provinzen Raetia und Noricum. Unter ihm wurde 46–47 n. Chr. die von Venedig über den Reschen- und den Fernpass nach Augsburg verlaufende Via Claudia gebaut. Über Scharnitz verlief damals nur eine als Saumpfad ausgebaute Verkehrsverbindung über den Seefelder Sattel und den Brenner ins heutige Italien. Als Via Raetia wurde sie in den Jahren 195–215 zur Heerstraße erweitert und führte weiter über Partenkirchen (lat. Partanum) und Weilheim bis nach Augsburg. Die neue Via Raetia war um 90 Kilometer kürzer als die Via Claudia und gewann daher zusehends an Bedeutung. Nach dem Zusammenbruch des Römischen Reiches wanderten von Norden her die Bajuwaren in

das Gebiet ein. Vom 8. Jh. an hatte das Bistum Freising große Macht über das Isar- und das Loisachtal. Im Jahr 763 stifteten die Freisinger ein Kloster in Scharnitz, das 772 nach Schlehdorf am Kochelsee verlegt wurde, und im Jahre 1294 gelangte auch die Burg samt Grafschaft Werdenfels (1180 erbaut von den Wittelsbachern) in den Besitz des Hochstifts Freising. In der Folge entwickelte sich eine wirtschaftliche Blütezeit: Der Bau der Städte München und Landshut mit ihrem enormen Holzverbrauch war insbesondere für Mittenwald sehr günstig, da die Isar von hier ab floßbar war. Und nachdem um 1320 der Zirler Berg ausgebaut wurde, entwickelten sich Garmisch und Mittenwald zu wichtigen Stützpunkten entlang der Handelswege der Fugger und Welser nach Italien. Dabei standen die beiden Marktgemeinden in starker Konkurrenz zueinander.

Das Plumsjoch ermöglicht den kürzesten Übergang vom Rißtal zum Achensee.

Die wichtigsten Waren aus Italien – Gewürze, Südfrüchte, Samt, Seide, Öl, Wein – und aus dem Norden – Rüstungen, Tuche, Waffen, Papierballen, Felle, Leder – wurden über den Seefelder Sattel transportiert. Im Dreißigjährigen Krieg (1618–1648) kam der Handelsverkehr zum Erliegen und das Tal verarmte zusehends; es blieb von Kämpfen aber so gut wie verschont. Nicht so während der spanischen Erbfolgekriege und der napoleonischen Kriege, als Mittenwald von 1800 an zum erbitterten Kampfplatz zwischen Tirolern und Franzosen wurde. Diese Kriegswirren endeten erst 1815 mit dem Wiener Kongress. In der Folgezeit erlangte das Gebiet nie wieder die vormalige Bedeutung als Handelsachse. Dafür trat mit dem Anschluss ans Eisenbahnnetz (Garmisch-Partenkirchen 1889, Mittenwald 1912) ein vollkommen neuer Erwerbszweig seinen Siegeszug an: der Fremdenverkehr.

Essen und Trinken

Oberbayerische und Tiroler Gerichte entstammen einer traditionell bodenständigen Küche. Noch zu Beginn des 20. Jahrhunderts war es überwiegend karge Kost, die in den Haushalten gereicht wurde. Diese wurde zwar durch Rinderhaltung um Milch und Molkereiprodukte erweitert, doch nur gelegentlich gab es Fleisch. Üblicher waren Mehlspeisen auf der Basis von Ge-

Fliegenpilze finden in der heimischen Küche natürlich keine Verwendung.

treide und Buchweizen. Kartoffeln sowie einfache und lagerfähige Gemüse wie Kraut, Rüben und Bohnen ergänzten den Speiseplan. Fleisch aus der Schlachtung pökelte oder selchte man, um es haltbar zu machen. Eine weitere Bereicherung stellte Wild dar, das bisweilen auch illegal beschafft wurde. Volkshelden wie der Wildschütz Jennerwein sind ein Beweis dafür, dass die Wilderei als nur allzu gerechtes Kavaliersdelikt gegenüber den »Großkopferten« angesehen wurde. Viele – auch heute noch hoch geschätzte – Gerichte entstanden aus der Notwendigkeit heraus, alle Essensreste optimal wiederzuverwerten.

Spezialitäten der bayerischen Küche: Die **Dampfnudel** ist, wie der Name schon sagt, gedämpfter Hefeteig, der mit Pflaumenmus oder Sauerkirschen gefüllt sein kann. Das Gericht wird auch ohne Füllung serviert, dann gehören aber Mohnstreusel und Vanillesauce dazu. Das Tiroler Gegenstück heißt Germknödel mit Powidl. Ein eigentlich aus dem Schwäbischen stammendes, aber auch in oberbayerischen Gasthäusern sehr verbreitetes Gericht sind **Kasspatzen**. Für die Qualität der mit Käse überbackenen Spätzle sind ein guter Käse und eine ordentliche Menge angerösteter Zwiebeln entscheidend. Eine besonders schmackhafte Vari-

ante sind die dunkelgrünen **Spinatspatzen**. **Semmelnknödel** stell-
ten ursprünglich eine Form der Resteverwertung dar: Dem Knödelteig aus alten Semmeln (daher das »n« nach dem »l«) werden
Zwiebeln und Schnittlauch und manchmal – zum Leidwesen aller Vegetarier – auch Speckstückchen hinzugefügt. Meistens
gehört ein Schweinsbraten oder eine Schweinshaxe dazu. Die
fleischlose Alternative ist ein Pilzrahmragout zum Knödel. Sowohl auf der bayerischen als auch auf der Tiroler Gebirgsseite
gehören **Wildgerichte** auf die Karte eines guten Restaurants. Einen eingelegten Hirschrücken in Rahmsauce, der in einem Sud
aus Essig, Suppengemüse, Zwiebeln, Salz, Pfeffer, Lorbeer und
Thymian eingelegt wurde, sollte man sich nicht entgehen lassen.

Spezialitäten der Tiroler Küche: Wer im Außerfern (bei Ehrwald)
beim Studieren der Speisenkarte auf **Brez'n Supp'n** stößt, darf
sich nicht wundern, wenn sein Löffel keine Verwendung findet.
Es handelt sich hierbei um eine Art Auflauf, bei dem zerschnitte-
ne, mit heißem Wasser übergossene Brezeln im Ofenrohr mit
Zwiebeln überbacken werden. **Kasknödel** oder auch **Pressknödel**
sind eine Variante der Semmelnknödeln. Dabei werden dem
Knödelteig Kartoffeln und Graukäse beigemengt. Auf der Pleisenhütte schmecken sie angeblich ganz besonders gut. **Tiroler
Gröschtl** ist ursprünglich ein Gericht, in dem Kartoffel- und
Fleischreste verwertet wurden. Es ist ein Eintopf aus (Brat-)Kar-
toffeln, feinen Rind-, Schweine- und Kalbfleischstreifen mit gla-
sig gebratenen Zwiebeln und angebratenem Speck, gewürzt mit
Majoran oder Salbei. Typische Teigwaren sind die **Tiroler
Nocken**, hergestellt aus Nudel- oder Kartoffelteig, die in ver-
schiedenen Variationen angeboten werden. **Schlutz-** oder
Schlipfkrapfen haben Füllungen aus Kraut, Spinat, Dörrobst oder
Fleisch- und Hirnstückchen. **Kaiserschmarrn** kann sowohl als
Hauptspeise als auch als Nachtisch gegessen werden. Doch Vor-
sicht! Der mit vielen Eiern zubereitete und mit Puderzucker ser-
vierte Teig ist recht mächtig, sodass man eine ordentliche Portion
Kaiserschmarrn nur mit Hilfe des Tischnachbarn schafft. Unter
den für Tirol typischen Fleischgerichten sind vor allem das **Kren-
fleisch** (gesimmertes Suppenfleisch, das mit frisch geriebenem
Meerrettich serviert wird) und die **Tiroler Leber** (in Zwiebeln und
Speck gebraten) hervorzuheben.

Diese Liste ließe sich noch weiter fortsetzen. Da stellt sich das Thema »Trinken« um einiges übersichtlicher dar. Denn für den Weinanbau ist das Klima zu kalt, und es gibt auch keine eigenen Brauhäuser im direkten Umfeld. Allerdings werden in vielen Gaststätten gute, aus dem angrenzenden Alpenvorland stammende Biere angeboten. Besonders zu erwähnen sind hierbei die hervorragenden Weißbiere der Brauereien »Karg« (Murnau) und »Dachs« (Weilheim) sowie das würzige Tegernseer Helle. Auf bayerischer Seite wird vor allem der Enzian zu Schnaps destilliert. Dabei wird nicht der zumeist auf den Flaschen dargestellte Blaue Enzian, sondern die Wurzeln des eigens angebauten, weil geschützten Gelben Enzians verwendet. In Tirol gibt es auch eine Vielzahl guter Obstbrände. Die Palette reicht vom einfachen Obstler bis zu Edelbränden aus Vogelbeere oder Eberesche.

Hinweise zu den Touren

Die **Gehzeiten** beziehen sich auf ein mittleres Tempo von normal geübten Bergsteigern – wie üblich ohne Pausen. Die **Schwierigkeitsbewertungen** der Touren ergeben sich aus den konditionellen und technischen Anforderungen. Letztere sind beim **Tourencharakter** besonders hervorgehoben. Das Kriterium »**kindgerecht**« bezieht sich auf Kinder um die sechs Jahre, die keine ausgesprochenen Stubenhocker, sondern Bewegung gewohnt sind. Ein vorsichtiger Richtwert ist dabei ein maximaler Höhenunterschied von 400 Metern. Auf Touren mit befreundeten Familien habe ich aber auch immer wieder erlebt, dass, wenn man

Aussicht vom Seinskopf

Die beiden Gebirge in Zahlen
Wetterstein:
max. Länge: 20 km
Fläche: ca. 550 km²
höchster Punkt: Zugspitze, 2962 m
tiefster Punkt: Loisachtal, 710 m
größte angrenzende Stadt: Garmisch-
Partenkirchen (38 000 Einwohner)

Karwendel:
max. Länge: 35 km
Fläche: ca. 900 km²
höchster Punkt: Birkkarspitze, 2749 m
tiefster Punkt: Inntal, 550 m
größte angrenzende Stadt: Innsbruck
(650 000 Einwohner)

sich Zeit lässt, auch Erst-klässler schon 900 Höhen-meter schaffen können. Die angegebene **Weglänge** ist mit Hilfe eines Planime-triergerätes den Grundla-genkarten entnommen. Da hierbei gerade bei Anstie-gen die Serpentinen und Wegschleifen vernachläs-sigt werden, sind die realen Längen in der Regel höher.

Die **beste Wanderzeit** hängt vor allem von der Schneelage ab. Es werden durchschnittliche Verhältnisse zugrunde gelegt. Nichts-destotrotz kann eine frühzeitiger Wintereinbruch die Touren-saison zu den höchsten Gipfeln stark verkürzen. Bei der **Ver-kehrsanbindung** werden auch öffentliche Anfahrtsmöglichkeiten angegeben. Vor allem die vom DAV und RVO ins Leben gerufe-nen Bergsteigerbusse in die Eng und zum Achensee bieten her-vorragende Möglichkeiten für Gebietsdurchquerungen. Sie wer-den (nach Aussage des RVO) auch im kommenden Sommer 2003 wieder an Wochenend- und Feiertagen in Betrieb sein. Über die aktuellen Abfahrtszeiten und Anschlüsse informiert man sich am schnellsten unter www.bahn.de und www.rvo-bus.de.

Bezüglich der **Ausrüstung** gehört bei allen Gipfelbesteigungen regen- und winddichte Kleidung mit in den Rucksack. Teleskop-stöcke sind bei den meisten Abstiegen eine Erleichterung, wobei hinzuzufügen ist, dass man die Verlagerung des Gewichts von den Knien auf den Oberkörper erst einmal lernen muss. Ganz wichtig ist es, ausreichend Flüssigkeit mitzunehmen. Meines Er-achtens braucht man mindestens 1,5 Liter Flüssigkeit pro Person. Als **Wanderkarten** sind die man Blätter UK L 31 »Werdenfelser Land«, 1:50 000, Bayerisches Landesvermessungsamt (für den Wetterstein) sowie WK 323 »Karwendel – Mittenwald«, 1:50 000, Freytag & Berndt (für das Karwendel) ausreichend. Denn fast alle vorgestellten Wanderungen sind (dank des DAV bzw. ÖAV) sehr gut markiert und beschildert. Wer es genauer ha-ben möchte, der besorge sich die jeweiligen Alpenvereinskarten im Maßstab 1:25 000 (Blätter 4/1, 4/2, 4/3 bzw. 5/1, 5/2, 5/3).

1

Auf die Aussichtskanzel der Kramerspitz

Paradeblicke auf das Wettersteingebirge: Untergrainau – Stepbergalm – Kramerspitz – Gasthaus St. Martin – Bahnhof Garmisch

 mittel

 13 km

6 Std.

↑ 1250 m
↓ 1250 m

Tourencharakter: Wunderschöne Rundtour, die gute Kondition und Trittsicherheit erfordert. Aufgrund des südseitigen Anstieges nicht zu spät aufbrechen und genug zu trinken mitnehmen!
Beste Jahreszeit: Mitte Mai bis Ende Oktober.
Ausgangspunkt: Zughaltestelle Untergrainau.
Endpunkt: Bahnhof Garmisch-Partenkirchen.
Wanderkarte: UK L 31 »Werdenfelser Land«, 1:50 000, Bayerisches Landesvermessungsamt.
Markierung: 261, 255, 262.

Verkehrsanbindung: Mit dem Auto: Auf der A 95 nach Garmisch, dann auf B 2 und B 23 Richtung Ehrwald/Reutte. Hinter Garmisch links nach Grainau und an der Zughaltestelle Untergrainau parken. Mit dem Zug (zu empfehlen): Von München mit dem Zug nach Garmisch und hier in die Außerfernbahn Richtung Reutte.
Einkehr: Stepbergalm, Mitte Juni bis Mitte Oktober; Gasthaus St. Martin, Tel. 08821/49 70, ganzjährig ohne Ruhetag.
Unterkunft: Hotels und Pensionen in Garmisch-Partenkirchen.
Tourist-Info: Garmisch-Partenkirchen.

Natürlich liegt die Kramerspitz nicht im Wettersteingebirge, sondern in den Ammergauer Alpen. Doch eine schönere Einstimmung auf die Touren dieses Führers kann man sich partout nicht vorstellen: Von nirgendwo sonst bietet sich ein so überwältigender Ausblick auf die Kare, Grate und Gipfel des Wettersteins. Und von Osten her grüßen die langen Kämme des Karwendelgebirges zu unserem Gipfelkreuz herüber.

Der Abstieg nach Garmisch

Der Wegverlauf

Von der Zughaltestelle Untergrainau geht es ein kurzes Stück die Gleise zurück, dann wendet man sich nach links und überquert die Straße Richtung Ehrwald. Direkt gegenüber beginnt der so genannte Kramerplateauweg, dem man ein kurzes Stück folgt. Bei einer Abzweigung hält man sich halblinks und stößt bald auf einen breiten Forstweg, dem man nach links folgt. Gleich nach einem Bach biegt man rechts auf einen Fußweg ab. Dieser ist zunächst angenehm flach, wird dann aber oberhalb der tief eingeschnittenen Kramerlaine etwas steiler. Zum Schluss wieder etwas flacher, führt er uns zu dem schönen

Wiesensattel, auf dem die **Stepbergalm** liegt (2 Std., 1583 m). Von den Almgebäuden aus wendet man sich nach Osten und folgt dem gut markierten Weg zunächst über Almflächen bergan. Nach der Latschenzone wird der Weg wieder freier, nun aber auch felsiger. Zuletzt geht es über einen kleinen Aufschwung auf den aussichtsreichen **Gipfel** (3:30 Std., 1985 m) mit sagenhaften Ausblicken auf das Wettersteingebirge, das Loisachtal und die im Osten aufleuchtenden Kalkwände des Karwendelgebirges.

Zum Abstieg wendet man sich nach Norden und umgeht den Nebengipfel des Kramers über dessen Nordflanke. Der Kramersteig verläuft hier über nicht sehr festes Felsgelände, was Trittsicherheit erfordert. Nachdem sich der Weg nach Westen wendet, wird er wieder besser und flacher. Mit schönen Ausblicken gelangt man zurück in die Latschenregion und bald auf einen wenig ausgeprägten Sattel. Hier biegt der Weg nach Süden ab. Zunächst recht steil, erreicht man schließlich auf vielen Serpentinen das **Wirtshaus St. Martin** (5 Std., 1028 m). Weiter geht es zunächst auf einem breiten Fahrweg, den man nach links verlässt (Wegweiser »Kellerleitensteig«). Bald stößt man auf diesen Steig und folgt ihm nach rechts (Schild »Garmisch«). Nachdem man den Kramerplateauweg gekreuzt hat, erreicht man auch schon die ersten Häuser. Hier hält man auf eine Kirche zu, überquert dahinter die Loisach und steht kurz danach im Ortszentrum. Der Garmischer Bahnhof befindet sich links davon (6 Std.).

2 Rundwanderung um den Eibsee

Wunderschöne Familientour im Banne der Zugspitze: Hotel Eibsee – Bucht am Westende – Untersee – Hotel Eibsee

 leicht

 8 km

 2 Std.

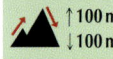 ↑100 m ↓100 m

 ja

Tourencharakter: Waldreiche Rundtour auf breitem Fußweg ohne besondere Steigungen. Schöne Badestellen mit Blick auf das direkt gegenüber aufragende Zugspitzmassiv. An schönen Wochenenden ziemlich überlaufen.

Beste Jahreszeit: Je nach Schneehöhe das ganze Jahr über möglich.

Ausgangs-/Endpunkt: Großparkplatz an der Ostseite des Eibsees.

Wanderkarte: UK L 31 »Werdenfelser Land«, 1:50 000, Bayerisches Landesvermessungsamt.

Markierung: Wegweiser und »E1«.

Verkehrsanbindung: Mit dem Auto: Auf der A 95 nach Garmisch, dann auf B 2 und B 23 Richtung Ehrwald/Reutte. Hinter Garmisch links nach Grainau/Eibsee. Nun immer geradeaus bis zum Großparkplatz am Eibsee. Von München mit dem Zug nach Garmisch und hier in die Bayerische Zugspitzbahn bis Haltestelle Eibsee.

Einkehr: Eibsee Pavillon, ganzjährig offen außer November bis Weihnachten; kein Ruhetag.

Unterkunft: Hotel Eibsee sowie Pensionen in Grainau und Garmisch.

Tourist-Info: Garmisch-Partenkirchen.

Auch wenn der Eibsee bestimmt kein Geheimtipp mehr ist, sollte man ihn einmal umrundet haben. Der landschaftliche Kontrast zwischen den senkrechten Felswänden der Zugspitze und seinen lieblichen Buchten sucht seinesgleichen.

Der Wegverlauf

Wir beginnen unsere Rundwanderung am großen **Parkplatz vor dem Eibsee**. Auf der Teerstraße gehen wir Richtung Westen, dann am Zaun des Eibsee-Hotels entlang, wo ein weißes Schild auf den Eibsee-Rundweg hinweist. Bald darauf kommen wir an der Gaststätte Alpsee-Pavillon und dem Bootsverleih vorbei, wo der

Teerweg an einer Schranke endet. Von nun an geht es auf einem breiten, parallel zum Ufer verlaufenden Fußweg weiter. An einer Gabelung gehen wir geradeaus bis zu einem Aussichtspunkt mit Panoramatafel. Wenig später kommen wir an dem linker Hand liegenden kleinen

2

Frillensee und danach an einem Freibad vorbei. Dahinter verläuft der Weg ein Stück direkt am Ufer, bevor er in den Wald eintritt. Es folgt eine lange, aber flache Steigung, die uns ein wenig vom See entfernt. Der Weg wird wieder eben. Es geht durch Bergmischwald in nordwestliche Richtung, bis der Weg schließlich leicht abfallend die kleine **Bucht am westlichsten Zipfel des Eibsees** erreicht (1 Std.). Am dortigen Strand bietet sich eine Rast an, zumal man von hier aus einen sehr schönen Blick auf die Ludwigsinsel und den dahinter liegenden Großen Waxenstein hat.

Nach der Verschnaufpause gehen wir zurück zum Weg und überqueren einen Bach mit einem kleinen, aber schönen Wasserfall zur linken Seite. Am Nordufer geht es leicht ansteigend in lichterem Wald weiter; immer wieder öffnen sich Blicke auf den See und seine idyllischen Inseln. An der nächsten Weggabelung gehen wir geradeaus, leicht bergab, und erreichen schon bald die kleine, nördlich der Sasseninsel gelegene Bucht. Noch einmal kürzt der Weg eine Landzunge ab. Links und rechts von uns liegen mit Moos und Fichten bewachsene Felsblöcke. Diese stammen von einem großen Bergsturz, der sich nach Ende der Eiszeit am Zugspitzmassiv ereignete. Schließlich wandern wir wieder parallel zum See und können uns nun ein schönes Uferplätzchen zum Verweilen aussuchen. Von hier aus bietet sich ein beeindruckender Blick auf die 2000 Meter über uns aufragende Zugspitze. Weiter geht es über eine Brücke, die den »**Untersee**« benannten Nordarm des Eibsees überquert. Dahinter taucht der Weg wieder in den Wald ein. Leicht ansteigend gehen wir nochmals durch einen fast märchenwaldartigen Abschnitt, bevor wir plötzlich wieder an den Parkplätzen stehen (2 Std.).

3 Durch die Höllentalklamm

Berühmte Klammwanderung zu wunderschönem Hochtal: Hammersbach – Klamm – Höllentalanger – Klamm – Hammersbach

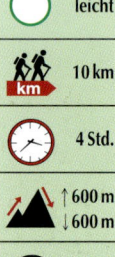

leicht

10 km

4 Std.

↑ 600 m
↓ 600 m

ja

Tourencharakter: Landschaftlich einmalige und daher an Wochenenden stark frequentierte Wanderung. Gutes Schuhwerk und regenfeste Kleidung sind in der oft nassen Klamm anzuraten.
Beste Jahreszeit: Anfang Juni bis Ende Oktober.
Ausgangs-/Endpunkt: Zughaltestelle bzw. Parkplatz in Hammersbach.
Wanderkarte: UK L 31 »Werdenfelser Land«, 1:50 000, Bayerisches Landesvermessungsamt.
Markierung: 831a, rote Punkte.
Verkehrsanbindung: Mit dem Auto:

Von München über A 95 und B 2 Richtung Garmisch-Partenkirchen und hier in Richtung Ehrwald/Reutte abbiegen. Kurz nach dem Ortsende von Garmisch links zum Ortsteil Hammersbach. Mit dem Zug: Von München direkt nach Garmisch. Hier mit der Bayerischen Zugspitzbahn weiter bis Hammersbach.
Einkehr: Höllentalangerhütte.
Unterkunft: Höllentalangerhütte, (DAV), 1387 m, Tel. 08821/88 11, Mitte Mai bis Mitte Oktober.
Tourist-Info: Garmisch-Partenkirchen.

Unangefochtener Star unter den Wildbachschluchten des Wettersteins ist die Höllentalklamm. Durch diese beeindruckend enge und steile Felsenschlucht führt ein leicht zu gehender Fußweg über Brücken und durch Tunnels. Angesichts des großen Aufwands, die Holzplanken und Drahtseilsicherungen instand zu halten, sollte man für die Eintrittsgebühr von € 2,50 Verständnis haben.

Der Wegverlauf

Von der Zughaltestelle geht man parallel zu den Gleisen in Richtung Westen weiter, bis man auf den Hammersbach stößt. Bei ihm wendet man sich nach links und steht kurz darauf vor einer Kapelle. Hier sehen wir auch schon den Wegweiser zur Höllental-

3

klamm und zur Höllentalangerhütte. Wir gehen an der von unten gesehen linken Seite des Baches auf einem guten Weg weiter. Dieser wechselt mit einer Brücke bald auf die andere Seite, wo es steiler bergauf und von dem Bach weg geht. Sobald es flacher wird, stoßen wir auf einen breiten Fahrweg, dem man geradeaus Richtung Süden folgt. Man kommt an der Materialseilbahn der Höllentalangerhütte vorbei. Es wird steiler, dann noch einmal flacher. Schließlich sieht man schon die kleine Hütte vor sich, die wie auf einem Adlerhorst am Eingang zur Höllentalklamm zu kleben scheint. Bis man den Eingang erreicht, sind aber noch einige anstrengende Höhenmeter zurückzulegen (Abzweiger nach rechts »Stangensteig« ignorieren). Gleich hinter dem **Klammeingang** beginnt der kühn angelegte Weg durch die Klamm: Auf unzähligen Stegen bzw. Brücken und in den Fels gesprengten balkonartigen Wegstücken und Tunnels steigen wir entlang der vom Wasser senkrecht in den Fels geschnittenen Kalkwände stetig bergan. Dort, wo sich die Klamm etwas öffnet – am so genannten **Schafguffel** –, haben

Die Höllentalklamm ist eine etwas feuchte Angelegenheit.

wir die Mitte erreicht. Es wird wieder enger, und die Klamm zeigt sich von ihrer beeindruckendsten Seite. Man überwindet letzte steile Stufen, hinter denen sich das Landschaftsbild schlagartig ändert: Die Hänge lehnen sich zurück, und der Bach wird ruhiger. Wir gehen noch ein Stück den Bach entlang, bis der Weg auf die rechte Talseite überwechselt und in Serpentinen weiterführt. Bald darauf wird es wieder flacher und man gelangt, durch Latschen und Birkenwäldchen hindurchwandernd, in den wunderschönen, von riesigen Felswänden eingerahmten Talboden des **Höllentalangers**. Keine 10 Minuten später steht man auch schon vor der Höllentalangerhütte (2:20 Std., 1387 m), wo man einen beeindruckenden Blick in Richtung Talschluss mit dem darüber liegenden Höllentalferner und Hohen Riffel hat.
Der Abstieg erfolgt auf gleichem Weg (4 Std.).

4 Über den Höllentalanger zur Riffelscharte

Beeindruckende Überschreitung der nördlichsten Wettersteinkette:
Hammersbach – Höllentalklamm – Höllentalanger – Riffelscharte – Eibsee

 anspr.

 10 km

 6 Std.

 ↑ 1450 m ↓ 1250 m

Für den Aufstieg zur Riffelscharte muss man teilweise die Hände zur Hilfe nehmen.

Tourencharakter: Landschaftlich einmalige Durchquerung, bei der Trittsicherheit und Schwindelfreiheit Voraussetzung sind. Der steile Abstieg in Richtung Eibsee ist mit Drahtseilen abgesichert. Bis zur Höllentalangerhütte stark frequentiert; die Überschreitung der Riffelscharte ist relativ einsam.
Beste Jahreszeit: Je nach Schneelage Ende Juni bis Ende September.
Ausgangspunkt: Zughaltestelle Hammersbach.
Endpunkt: Zughaltestelle Eibsee.
Wanderkarte: UK L 31 »Werdenfelser Land«, 1:50 000, Bayerisches Landesvermessungsamt.
Markierung: 831a, rote Punkte.

Verkehrsanbindung: Mit dem Auto: Von München über A 95 und B 2 Richtung Garmisch-Partenkirchen und hier in Richtung Ehrwald/Reutte abbiegen. Kurz nach dem Ortsende von Garmisch links zum Ortsteil Hammersbach. Mit dem Zug: Von München direkt nach Garmisch. Hier umsteigen in die Bayerische Zugspitzbahn und mit dieser bis Hammersbach.
Einkehr: Höllentalangerhütte (DAV), 1387m, Tel. 08821/88 11. Geöffnet Mitte Mai bis Mitte Oktober.
Unterkunft: Höllentalangerhütte sowie Pensionen in Grainau und Garmisch-Partenkirchen.
Tourist-Info: Garmisch-Partenkirchen.

Das wilde, von steilen Felswänden eingerahmte Höllental auf der einen, der liebliche, von schattigen Wäldern umgebene Eibsee auf der anderen Seite: Die atemberaubende Aussicht von der Riffelscharte sucht wirklich ihresgleichen – und muss dafür auch mit einem anstrengenden Anstieg und anspruchsvollen Abstieg erst einmal erobert werden.

Der Wegverlauf
Bis zur **Höllentalangerhütte** folgen wir dem bei Wanderung 3 beschriebenen Weg (2:20 Std.). Kurz nach der Hütte überquert man auf einer Brücke das in der Regel trockene Bachbett, um auf der anderen Talseite in angenehmer Neigung weiter anzusteigen. Während man auf

Tipp Nehmen Sie zu dieser Tour sowohl Regenzeug als auch Badesachen mit. Denn in der Höllentalklamm mit ihren vielen kleinen Wasserfällen wird man auch bei strahlendem Sonnenschein nass, und ein Sprung in den Eibsee (am schönsten am Nordufer) ist nach der langen Wanderung ein Heidenspaß. Übrigens findet man einen sehr guten 360°-Panorama-Blick von der Riffelscharte auf der Homepage www.eibsee-hotel.de.

den beeindruckenden Talschluss zuwandert, wechseln sich Wiesenflächen und lichte Waldstücke miteinander ab. Noch ist der Weg sehr gut, bis er am Talende plötzlich in einen unscheinbaren Steig übergeht. Wir folgen den roten Markierungen nach rechts bergan und müssen die Hände manchmal zu Hilfe nehmen. Bald stehen wir vor einer Weggabelung. Wir folgen dem Schild »Riffelscharte« und wenden uns nach rechts. Zunächst ist der Weg flacher, bevor es ein längeres Stück steil und etwas ausgesetzt bergan geht. Wir folgen stets den zum Teil verblichenen roten Punkten und Pfeilen. Bald erreicht man ein Drahtseil, welches uns ein kurzes Stück rect steil bergauf leitet. Der Weg wird wieder flacher und wendet sich schließlich nach links – einen Abzweig nach rechts ignorieren wir –, um die flache Mulde östlich der Riffelscharte zu erreichen. Man hält auf

4

die Mitte des Kares zu und wendet sich dort, wo es wieder steiler wird, nach rechts. Zum Schluss erreichen wir über einen schönen Rücken den breiten **Sattel der Riffelscharte** (4:20Std., 2190 m). Von hier aus hat man eine sagenhafte Aussicht auf den tief unter uns gelegenen, grün schimmernden Eibsee.

Man geht nun noch ein kurzes Stück bergan und erreicht ein Stahlseil, entlang dessen wir ein längeres ausgesetztes Wegstück in Richtung Südwesten hinabsteigen. Dahinter erreicht man eine große Schuttreiße, an deren linker Seite man weiter an Höhe verliert. Schließlich wendet sich der Weg von der Reiße ab und quert flach zu einem mit Latschen und Lärchen bewachsenen alten Schuttkegel, über den es auf angenehmen Serpentinen weiter bergab geht. Bald erreicht man eine Weggabelung. Hier hat man zwei Möglichkeiten:

Ausblick von der Riffelscharte auf den Eibsee und die Ammergauer Alpen

Alternative 1: Wir gehen nach rechts (Markierung »ES«) und folgen dem nun schmäler werdenden Weg. Bald stößt dieser bei einigen Erdhügeln auf einen nicht mehr verwendeten Fahrweg; dieser Wegabschnitt ist nicht mehr markiert. (Die Erdhügel haben übrigens nichts mit etwaigen postglazialen geomorphologischen

4

Entstehung des Eibsees
Wenn man von der Riffelscharte auf den lieblichen Eibsee schaut, wird man kaum vermuten, dass seine Genese mit einer Naturkatastrophe in Zusammenhang steht. Bei einer Umrundung des Sees (Wanderung 2) könnte man aber stutzig werden und sich fragen, woher wohl die unzähligen, den See umgebenden Felsblöcke stammen mögen. Die Lösung des Rätsels: Die tiefgrünen Wasser des Eibsees wurden durch einen gewaltigen, vom Zugspitzmassiv kommenden Bergsturz gegen Ende der Eiszeit aufgestaut. Die nördlichsten Ausläufer dieses Bergsturzes brandeten am Höhenzug des Gschwand-Waldes auf. Sie überqueren ihn sogar noch und wälzten sich bis in das Loisachtal. Die Hauptmasse der Felsblöcke sammelte sich am südlichen Ende des Eibsees. Der See selbst befindet sich heute ungefähr im Zentrum der Trümmermassen.
Solche Bergstürze waren in den Alpen nach dem Rückzug der Gletscher keine Ausnahme. Die durch das Eis steil ausgeformten Bergflanken hatten nach dem Abschmelzen der mächtigen Talgletscher keine Widerlager mehr und rutschten bzw. stürzten auf breiter Fläche zu Tal. Ein weiterer, sehr großer postglazialer Bergsturz befindet sich am unweit gelegenen Fernpass. Der mächtigste Felssturz der Alpen fand beim heutigen Flims (Schweiz) statt und staute den jungen Rhein zu einem gewaltigen See auf.

Prozessen zu tun, sondern rühren – ganz profan – vom Bau der Zugspitz-Zahnradbahn her.) Dem alten Fahrweg folgen wir nun immer unterhalb der Seilbahn nach rechts bergab in Richtung Norden. Einmal kommt man an einem ehemaligen Wendeplatz vorbei; hier hält man sich rechts und folgt weiter der alten Trasse. Dort, wo diese endet, beginnt eine schmale, aber deutliche Wegspur, die über einen Kamm in den Wald hineinführt. Die Spur gabelt sich; man hält sich hier links und trifft bald auf einen breiteren Weg, dem man nun bergab folgt. Schließlich stoßen wir auf die Kurve eines breiten Forstweges, der man ein kurzes Stück folgt, um sie sogleich wieder nach rechts zu verlassen. Die Wegspuren führen uns auf einen alten Fahrweg. An einer Gabelung halten wir uns links, überqueren mittels einer Brücke die Trasse der Zugspitz-Zahnradbahn und stehen auch gleich schon am Parkplatz vor der **Haltestelle Eibsee** der Zugspitzbahn (6:10 Std.).

Alternative 2: Wir gehen an der Gabelung links und kommen bald zur Haltestelle Riffelriß der Zugspitzbahn. Von hier führt uns der Weg weiter nach Westen zur Landesgrenze, wo wir auf den von der Wiener-Neustädter Hütte her kommenden Weg stoßen. Hier wendet man sich nach rechts und folgt nun dem mit der Nummer 821 markierten Weg hinunter, bis man schließlich den Eibsee erreicht. Der letzte Zug in Richtung Garmisch fährt hier um 16:45 Uhr ab.

5 Vom Osterfelderkopf auf die Alpspitze

Luftiger Klettersteig auf das Wahrzeichen von Garmisch-Partenkirchen: Osterfelderkopf – Alpspitz-Ferrata – Alpspitze – Nordwandsteig – Osterfelderkopf

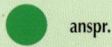

anspr.

6 km

4 ½ Std.

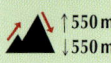

↑ 550 m
↓ 550 m

Tourencharakter: Nicht besonders schwerer Klettersteig, der aber trotzdem absolute Trittsicherheit und Schwindel-freiheit erfordert. Wegen der nordseiti-gen Exposition nicht zu früh im Jahr un-ternehmen. Steinschlaghelm ratsam.
Beste Jahreszeit: Ende Juni bis Anfang Oktober.
Ausgangs-/Endpunkt: Bergstation am Osterfelderkopf.
Wanderkarte: UK L 31 »Werdenfelser Land«, 1:50 000, Bayerisches Landes-vermessungsamt.
Markierung: Rote Punkte.
Verkehrsanbindung: Mit dem Auto: Auf

der A 95 nach Garmisch und dann auf B 2 und B 23 Richtung Ehrwald/Reutte. Kurz vor dem Ortsende links dem Schild »Alpspitzbahn« folgen und dort parken. Mit dem Zug: Von München Hbf zur vollen Stunde nach Garmisch. Vom Bahnhof mit Buslinie 1 oder 2 zur Alpspitzbahn.
Einkehr: Restaurant an der Bergstation am Osterfelderkopf, Tel. 08821/79 79 90. Bahnbetrieb im Sommer von Mai bis Oktober.
Unterkunft: Pensionen in Garmisch-Partenkirchen.
Tourist-Info: Garmisch-Partenkirchen.

Ganz egal, ob man mit dem Zug oder dem Auto durch das Loi-sachtal fährt: Das nahezu gleichschenklige Gipfeldreieck der Alp-spitze zieht alle Blicke auf sich. In der Frontalsicht wird man kaum vermuten, dass eine Nordwandbesteigung für nicht extreme Kletterer überhaupt durchführbar ist. Doch die so genannte »Alp-spitz-Ferrata« ist auch für Klettersteigneulinge ohne weiteres zu schaffen. Wer sich im Fels nicht ganz sicher fühlt, sollte die Kletter-steigausrüstung mitnehmen.

Der Wegverlauf

Von der Bergstation der Alpspitz-bahn folgt man dem Hinweisschild »Nordwandsteig« nach Süden. Es geht erst leicht bergab, dann wieder bergauf und durch eine Art Kamin hindurch. Nach etwa 15 Minuten biegt man vom Nordwandsteig rechts ab (Hinweisschild »nur für Geübte«) und geht auf die ersten mit Trittstufen beschlagenen Felsen zu. Von nun an folgt man immer den Drahtseilen

Natürlich kann man auch zu Fuß vom Osterfelderkopf zur Talstation der Alpspitzbahn zurückkehren. Zuerst steigt man einem Fußweg nach Norden folgend bergab, um kurz vor dem Kreuzeck auf einen breiten Fahrweg zu treffen. Dieser führt in vielen weiten Serpentinen direkt zur Talstation.

5

und Eisenleitern bis auf einen **Absatz**.

Sich leicht rechts haltend, umgeht man einen Steilaufschwung und erreicht zuletzt eine nordwestlich exponierte Rinne. (Auf Steinschlaggefahr durch oberhalb befindliche Bergsteiger achten!) Durch diese führen Eisenleitern abermals auf einen Absatz, von dem aus man problemlos den **Gipfel** erreicht (2:30 Std., 2628 m). Hier wird der Anstieg mit einer unglaublich abwechslungsreichen Aussicht belohnt: Im Norden liegt das liebliche Alpenvorland mir seinen Seen vor uns. Bei klarer Sicht kann man sogar München erkennen. Im Süden beeindrucken die abweisenden Wandfluchten des Jubiläums- und des Blassengrats.

Für den Abstieg wendet man sich vom Gipfel nach Osten und steigt, roten Markierungen folgend, den das breite Oberkar südlich begrenzenden Rücken hinab (zum Teil ebenfalls mit Drahtseilen gesichert). Schließlich wendet man sich nach links hinunter in den flachen Kessel des **Oberkars** und trifft dort auf einen zum **Nordwandsteig** führenden Wegweiser, dem wir nun folgen. Nachdem man eine weitere Leiter hinabgestiegen ist, gelangt man wieder in die Nordwand der Alpspitze und erreicht zuletzt über zwei in den Fels gesprengte kurze Tunnels wieder den Ausgangspunkt (4:30 Std.).

Vom Ausgangspunkt am Osterfelderkopf baut sich das Tourenziel eindrucksvoll vor uns auf.

6 Von der Partnachklamm auf den Schachen

Zum idyllischen Jagdschloss König Ludwigs: Skistadion – Partnachklamm –
Schachen – Oberreintal – Partnachklamm

 mittel

 20 km

7–8 Std.

↑1100 m ↓1100 m

Tourencharakter: Landschaftlich abwechslungsreiche Wanderung, die man am besten auf zwei Tage aufteilt. So kann man die Partnachklamm ausgiebig genießen und übernachtet auf König Ludwigs Spuren.
Beste Jahreszeit: Mitte Juni bis Ende Oktober.
Ausgangs-/Endpunkt: Olympisches Skistadion Garmisch-Partenkirchen.
Wanderkarte: Topografische Karte »Werdenfelser Land«, 1:50 000, Bayerisches Landesvermessungsamt.

Markierung: Zuerst 834, dann 842 und 841. Abstieg 801.
Verkehrsanbindung: Auf der A 95 nach Garmisch und dort weiter Richtung Mittenwald. Vor dem Ortsende rechts abbiegen zum Skistadion. Mit dem Zug von München Hbf stündlich nach Garmisch. Von dort mit den Buslinien 1 und 2 zum Stadion.
Einkehr/Unterkunft: Schachenhaus (privat), 1866 m, Tel. 08821/29 96. Anfang Juni bis Anfang Oktober.
Tourist-Info: Garmisch-Partenkirchen.

König Ludwig II. war vom Schachen so begeistert, dass er sich hier ein schönes Jagdschloss erbauen ließ. Dieses und den benachbarten Botanischen Alpengarten sollte man bei der Wanderung unbedingt besichtigen.

Der Wegverlauf

Man geht am Skistadion rechts vorbei und folgt der Teerstraße der Partnach entlang nach Süden. An einer Weggabelung hält man sich links, passiert das Gasthaus Wildenau und erreicht den **Eingang zur Partnachklamm**. In ihr führt ein in den Fels gesprengter Weg in das Wettersteingebirge hinein. Hinter der Klamm steigt der Weg kurz bergan, um sogleich wieder zur Partnach hinunterzuleiten. Diese überquert man auf einer Brücke und folgt einem Holzschild, das nach links zum Schachen hinweist. Hinter einem breiten Fahrweg steigt man auf dem Kälbersteig in südlicher Richtung durch wunderschönen Bergmischwald bergan. Zweimal trifft man auf einen

Das Jagdschloss König Ludwigs II. verblüfft mit osmanischem Ambiente.

Fahrweg, dem man jeweils nur ein kurzes Stück folgt. Beim ersten Mal verlässt man ihn, indem man geradeaus geht, beim zweiten Mal hält man sich an einer Biegung halblinks. Noch einmal kreuzt unser Fußweg den Fahrweg, bevor es etwas steiler wird. Bald trifft man auf den von Elmau heraufführenden Schachen-

weg. Auf diesem nach rechts zum **Schachenhaus** (4 Std., 1866 m),
wo das Jagdschloss König Ludwigs und ein Botanischer Alpengarten besichtigt werden können (→**Reise-Informationen/Museen**).
Der Abstieg erfolgt auf gleichem Weg bzw. folgender Variante: Hinter dem Jagdschloss hält man sich rechts (Wegweiser **Oberreintal**).
Der Weg führt nun steil in südwestlicher Richtung in das Seitental
hinab. Dort wendet man sich nach Überqueren des Reintalbachs
nach rechts und steigt steil in das Haupttal hinunter. Hier führt der
Fußweg zuerst direkt am Bach, dann oberhalb nach Norden.
Schließlich trifft man auf einen breiten Fahrweg, der uns bergab
zum Platz oberhalb der Partnachklamm bringt. Von hier aus auf bekanntem Weg zurück (7–8 Std.).

7 Rundwanderung auf den Eckbauer

Wunderschöne Halbtagestour mit Traumblicken: Kainzenbad – Wamberg – Eckbauer – Kainzenbad

leicht

9 km

2 ³/₄ Std.

↑ 500 m
↓ 500 m

ja

Tourencharakter: Die Wanderung verläuft auf guten und breiten Wegen, die jedoch einige steile Abschnitte aufweisen. Aufgrund des nordseitigen Anstiegs den ganzen Sommer über zu empfehlen.
Beste Jahreszeit: Mai bis November.
Ausgangs-/Endpunkt: Parkplatz am Kainzenbad.
Wanderkarte: UK L 31 »Werdenfelser

Land«, 1:50 000, Bayerisches Landesvermessungsamt.
Markierung: WB, W1, P5.
Verkehrsanbindung: Wie bei Wanderung 8. Von dort weiter über die Auenstraße zum Parkplatz am Kainzenbad.
Einkehr: Gasthaus Eckbauer, Tel. 08821/ 22 14, geöffnet von Mai bis Oktober.
Unterkunft: Garmisch-Partenkirchen.
Tourist-Info: Garmisch-Partenkirchen.

Diese Tour ist eine gute Wahl bei unsicherer Wetterlage. Allerdings sollten die Berge nicht allzu wolkenverhangen sein. Denn der Blick vom Eckbauer auf die Kalkgipfel des Wettersteins sucht seinesgleichen.

Der Wegverlauf

Auf dem Weg zum Eckbauer

Am südlichen Ende des Parkplatzes folgen wir einem Holzschild mit der Aufschrift »Wamberg/ Eckbauer«, Markierung WB, und wandern eine geteerte Sackgasse entlang. Nach den letzten Häu-

sern wird die Teerstraße zu einem breiten Erdweg. Es geht zunächst an Blumenwiesen vorbei und angenehm flach bergan. Im Wald wird der Weg steiler, danach wieder flacher, und an einer Gabelung in einer Kurve folgt man rechts dem breiten Fahrweg weiter bergan. Nun wird er ziemlich steil. An einer Gabelung verlässt man ihn halblinks und wandert ein Stück lang auf einem Fußweg oberhalb des Fahrwegs, um bald wieder auf diesen zu stoßen. Wir

kommen nun in schönes Almgelände und wandern gemütlich und flach auf das Bergdorf **Wamberg** zu (45 Min.). Nach dem Ort wendet man sich an einer Kreuzung nach rechts. Schild »Berggasthof Eckbauer« (Markierung jetzt WB1). Zuerst steiler, dann wieder flacher, geht es weiter bergan. Bald werden erste schöne Blicke auf Waxen-

7

stein, Zugspitze und Alpspitze frei. An einer Gabelung folgen wir dem Schild »Eckbauer« halblinks. Wieder wechseln sich flache und steile Passagen ab. Es geht schließlich kurz bergab, bevor man auf eine große Weggabelung stößt. Hier gehen wir nach rechts. An der kurz darauf folgenden Gabelung folgt man halbrechts dem schmaleren und kurz steileren Weg. Bald wird dieser zu einem Wiesenpfad, und wir erreichen einen wunderschönen **Aussichtspunkt** mit Holzbänken (1:20 Std., 1222 m). Dieser Platz ist für eine ausgiebige Rast sehr zu empfehlen, bietet er doch genauso schöne Blicke auf die Gipfel des Wettersteingebirges wie der Aussichtspunkt am Eckbauer, ist aber – da keine Wirtschaft in der Nähe ist – bei weitem nicht so stark frequentiert. Der Weg führt uns weiter nach Westen.

Die Alpspitze mit ihrer deutlich geschichteten Nordflanke

Bald stoßen wir wieder auf den breiten Fahrweg, dem wir in dieselbe Richtung folgen. Man kommt an der Bergstation der Eckbauerbahn vorbei und steht gleich darauf vor dem **Gasthof am Eckbauer** (1:30 Std., 1237 m).

Für den Abstieg gehen wir wieder in Richtung Bergstation zurück, halten uns vor dieser halblinks und stehen kurz vor den Liftmasten am Beginn unseres Abstieges (Schild »Skistadion, 1 Std.«). Ab jetzt folgen wir der Markierung P5. Zunächst geht es recht flach hinab durch lichten Wald. Im weiteren Verlauf wechseln sich sowohl steilere und flachere Abschnitte als auch freies Almgelände und Waldstücke miteinander ab. Immer wieder öffnen sich schöne Blicke auf Garmisch-Partenkirchen und den gegenüberliegenden Kramer. Schließlich erreicht man den Talboden. Hier muss man nicht geradeaus zur Auenstraße gehen, sondern folgt dem hohen Zaun eines Fußballfeldes nach rechts. Ein schmaler Weg führt um das Feld herum und am Kainzenbad entlang direkt zu unserem Ausgangspunkt (2:45 Std.), wo man gleich das Badezeug aus dem Auto holen und sich im Freibad erfrischen kann.

Über das Gatterl auf die Knorrhütte

Tour ins Herz des Wettersteins: Ehrwalder-Alm-Bahn – Ehrwalder Alm –
Hochfeldernalm – Gatterl – Knorrhüttte

8

Tourencharakter: Lange, abwechslungsreiche Wanderung. Anfangs im Pistengelände auf breitem Fahrweg, dann auf üblichem Alpenvereinsfußweg. Aufgrund der südseitigen Lage im Sommer nicht zu spät aufbrechen.
Beste Jahreszeit: Ende Mai bis Anfang Oktober.
Ausgangspunkt: Ehrwalder-Alm-Bahn.
Endpunkt: Knorrhütte.
Wanderkarte: UK L 31 »Werdenfelser Land«, 1:50 000, Bayerisches Landesvermessungsamt.
Markierung: Gelbe Wegweiser sowie rote Punkte.
Verkehrsanbindung: Mit dem Auto: Auf der A 95 nach Garmisch und dann zuerst auf der B 2, dann auf der B 23

Richtung Ehrwald/Reutte nach Ehrwald. In der Ortsmitte links den Schildern bis zur Ehrwalder-Alm-Bahn folgen. Mit dem Zug: Von München bis nach Garmisch, hier umsteigen in die Außerfernbahn und bis Bahnhof Ehrwald (auf direkten Anschluss achten). Hier leider ungünstige Busanschlüsse, daher entweder mit dem Taxi oder zu Fuß (45 Min.) zur Ehrwalder-Alm-Bahn.
Einkehr: Hochfeldernalm, Tel. 0043/699/10 87 25 02; geöffnet Anfang Juni bis Mitte Oktober; Knorrhütte.
Unterkunft: Knorrhütte, 2051 m (DAV), Tel. 0173/3 78 82 80, Ende Mai bis Anfang Oktober geöffnet.
Tourist-Info: Ehrwald.

 mittel

 18 km

4 1/2 Std.

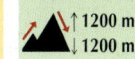 ↑ 1200 m ↓ 1200 m

Der südseitige Zustieg zur Knorrhütte ist um einiges kürzer als der über das Reintal. Zudem bietet sich, am Gatterl angekommen, ein wunderschöner Blick auf den weiten Kessel des Zugspitzplatts. Am Folgetag kann man die Zugspitze besteigen oder nach Garmisch weiterwandern.

Das »Gatterl« ist die Landesgrenze zwischen Bayern und Tirol.

Der Wegverlauf

Vom Parkplatz aus gehen wir über einen Weiderost und halten uns an der folgenden Gabelung rechts (Schild »Ehrwalder Alm, Wiesenweg«). Wir wandern unter den Seilbahnmasten hindurch, dann halblinks (Schild »Ehrwalder

Alm«). Weiter geht es auf einem flachen Fahrweg und bei einer Gabelung geradeaus. Der Weg wird steiler und führt durch Almgelände hindurch; nur die fest installierten Beschneiungsanlagen

stören das schöne Landschaftsbild. Nachdem es wieder abflacht, zweigen wir an einer Gabelung links ab (kleines Schild »Ehrwalder Alm, Wiesenweg«). Der Weg macht einen Bogen und führt steiler in den Wald, der später lichter wird. Kurz vor der **Ehrwalder Alm** (1 Std.) stoßen wir auf einen breiteren Fahrweg. Hier gehen wir geradeaus weiter und an der folgenden Gabelung halblinks (Schild »Knorrhütte, Gatterl«). Wir halten uns an diesen Fahrweg, bis wir kurz vor einer Pestkapelle endlich abbiegen (Wegweiser »Hochfeldernalm, Knorrhütte«). Über einen mit Stufen angelegten Fußweg gewinnen wir an Höhe, überqueren einen Weidezaun und wandern auf einem Wiesenpfad zu einem Fahrweg, dem wir bis zur **Hochfeldernalm** folgen. Direkt vor der Alm zweigen wir links in einen markierten Fußweg ab. Dieser führt uns zunächst am Waldrand, dann an einem Bach entlang bergan. Wir überqueren das Bachbett, bevor eine lange, anstei gende Querung durch Latschengelände auf einen Wiesensattel hinauf folgt. Hinter diesem geht es in einem weiten Bogen hinab zu dem vor uns liegenden **Feldernjöchl** (2045 m). An der dortigen Gabelung steigen wir weiter links Richtung »Gatterl« ab. Es geht kurz leicht ausgesetzt bergan (Drahtseile), und schon stehen wir an dem mit Grenzschildern markierten **Gatterl** (3:30 Std.).

Von hier führt der Weg leicht bergab in den weiten, flachen Kessel des Zugspitzplatts, wo er uns zunächst horizontal, dann leicht ansteigend direkt zur **Knorrhütte** bringt (4:30 Std., 2051 m).

Für den nächsten Tag hat man folgende Möglichkeiten: Entweder man steigt auf dem gleichen Weg wieder ab, oder man folgt den nach Westen führenden Markierungen zuerst steil, dann in einem Auf und Ab über das Zugspitzplatt bis zum Schneefernerhaus. Von hier geht es über eine Schuttreiße zu Felsgelände (Drahtseile), über das man den Westgrat und schließlich den (verbauten) Gipfel erreicht (2:30 Std.). Mit der Tiroler Zugspitzbahn und dem Bus (der letzte um 16 Uhr) gelangen wir zurück zum Ausgangspunkt.

Bahnbenutzer können von der Knorrhütte aus auch den steilen Serpentinen hinab zur Reintalangerhütte folgen. Von hier an der Hinteren und Vorderen Blauen Gumpe vorbei bis zur Gabelung am Bock-Haus. Dort geht es nach rechts und weiter wie bei Wanderung 7 (Abstiegsvariante) über die Partnachklamm nach Garmisch-Partenkirchen (5 Std.).

Erster Schnee beim Aufstieg zum »Gatterl«

9 Um und auf die Gehrenspitze

Von der Leutasch auf einen wunderbaren Aussichtsberg: Puitbach – Scharnitzjoch – Gehrenspitze – Scharnitzjoch – Wangalm – Kirchplatzl – Gasse – Puitbach

 mittel

 19 km

7 1/2 Std.

↑ 1300 m
↓ 1300 m

Tourencharakter: Lange, dafür landschaftlich sehr abwechslungsreiche Rundwanderung zu einem der schönsten Aussichtsberge im Wetterstein. Im Hochsommer genug Wasser mitnehmen!
Beste Jahreszeit: Mitte Juni bis Ende Oktober.
Ausgangs-/Endpunkt: Leutasch, Ortsteil Puitbach. Parkplatz auf der linken Seite, kurz nach dem kleinen Bushaltestellenschild.
Wanderkarte: UK L 31 »Werdenfelser Land«, 1:50 000, Bayerisches Landesvermessungsamt.
Markierung: Rote Punkte.
Verkehrsanbindung: Mit dem Auto: Über die A 95 nach Garmisch und von

dort auf der B 2 weiter nach Mittenwald. Durch den Ort fahren und am Ortsende rechts dem Schild »Leutasch« folgen. Immer auf der schmalen Hauptstraße entlang bis zum Ortsteil Puitbach. Mit dem Zug: Von München stündlich nach Mittenwald. Von hier in der Hochsaison mehrere Busse täglich in die Leutasch.
Einkehr: Wettersteinalm (DAV), 1951 m, ganzjährig bewirtschaftet, Tel. 0043/5214/66 88; Wangalm (privat), 1951 m, Tel. 0043/664/2 11 27 49, Anfang Juni bis Mitte Oktober.
Unterkunft: Wetterstein- und Wangalm sowie Pensionen in der Leutasch.
Tourist-Info: Leutasch.

Die Gehrenspitze ist einer der schönsten Aussichtsberge des Wettersteingebirges.

Während die Nordseite des Wettersteingebirges – nicht zuletzt wegen seiner schnellen Erreichbarkeit – bei den Münchnern als Tagesausflug sehr beliebt ist, geht es im schönen Tal der Leutasch um einiges ruhiger zu. Dabei stehen an der Südseite des Wettersteins unterschiedlichste Landschaftseindrücke auf dem Programm: Eingerahmt von den senkrechten Felswänden des südlichen Hauptkamms und der schroffen Nordflanke der Gehrenspitze, wandert man durch ein liebliches Hochtal zum wunderschön gelegenen Scharnitzjoch. Vom Gipfel der Gehrenspitze selbst aus kann man mit etwas Glück den Kletterern an der direkt gegenüber aufragenden Schüsselkarspitze zuschauen

und hat dabei viele 3500 Meter hohe Gipfel des Alpenhauptkamms im Rücken. Und auf dem Rückweg kann man feststellen, dass sanfter Alpentourismus kein hohles Schlagwort sein muss: Die netten Orte der Leutasch haben ihre dörfliche Identität weitgehend erhalten.

9

Der Wegverlauf

Wir beginnen unsere Tour auf dem Teerweg, der direkt gegenüber dem kleinen Bushaltestellenschild beginnt. Bereits von hier aus haben wir eine gute Sicht auf das vor uns liegende Puittal, durch das ein Großteil der Wanderung verläuft. Der Weg wird bald zu einem Schotterweg und wendet sich nach rechts zum Wald. Nachdem man ein Metallgatter passiert hat, stößt man auf einen Holzplatz, an dem man sich nach links wendet. Es auf einem breiten Forstweg; an der nächsten Gabelung gehen wir geradeaus – also nicht halblinks! Bald darauf weist an einer Wegkreuzung ein Schild auf das Scharnitzjoch und die Wangalm hin. Diesem folgen wir geradeaus bergauf.

Der Weg wird schmaler und ist nun mit roten Punkten markiert. Hinter einer Linkskehre wird er zum Fußweg und führt nun steiler, zunächst oberhalb des Baches, dann etwas weiter von ihm entfernt, in vielen Serpentinen bergan. Plötzlich wird der Wald lichter, und wir stehen am Beginn des wunderschönen **Puittals** (1:10 Std.). Ab jetzt wandern wir immer in Richtung Westen auf das in der Ferne liegende Scharnitzjoch zu. In angenehmer Steigung geht es abwechselnd durch Almwiesen und Latschenzonen bergan, immer eingerahmt von beeindruckend steilen Felswänden. Nachdem wir das Bachbett überquert haben, geht es kurz weglos, dann wieder als Weg in einer etwas steileren Querung

9

hinauf auf das aussichtsreiche **Scharnitzjoch** (2:30 Std.). Hier wenden wir uns nach links, gehen an der kleinen Erinnerungshütte vorbei und folgen dem Grasrücken weiter ansteigend bis zu den ersten Felsaufschwüngen des Gehrenspitzmassivs. Diese werden südseitig umgangen; der Weg wird nun etwas felsiger und schlechter. Von einem kleinen Absatz sehen wir den weiteren Wegverlauf, der uns in leichtem Auf und Ab, kurz etwas erodierter, aber nie ausgesetzt und ohne Orientierungsprobleme direkt auf den **Gipfel der Gehrenspitze** führt (3:30 Std., 2367 m). Im Herbst ist die Aussicht von hier am schönsten, wenn unten im Inntal ein dicker Nebelwurm liegt und die dahinter liegenden Gletscher der Stubaier und Zillertaler Alpen in der weichen Oktobersonne glitzern.

Tipp

Achtung: Von der Gehrenspitze aus gibt es auch einen sehr direkten Steilabstieg über den Lehner Berg in die Leutasch zum Ortsteil Gasse (in der Karte schwarz gepunktet). Dieser führt aber durch eine steile Felsrinne, die eine dünne Geröllauflage aufweist, was eine sehr hohe Rutschgefahr mit sich bringt. Außerdem kann man den Abzweig aus der Rinne leicht verfehlen und steht in diesem Fall unvermittelt vor einem gefährlichen Abbruch. Daher sollte man, wenn am Gipfel manchmal Bergsteiger von dieser Route her zustoßen, deren Aufstieg nicht als Abstieg wählen!

Wir wandern von der Gehrenspitze zum Scharnitzjoch zurück, wenden uns hier nach links (Schild »Wangalm«) und wandern auf einem zunächst noch etwas ausgewaschenen Weg abwärts. Nachdem man den Talboden erreicht hat, wird der Weg wieder besser und führt uns erst an Felsblöcken vorbei, dann durch Almgelände immer in südlicher Richtung direkt zur frei gelegenen **Wangalm**. Gegenüber am Waldrand befindet sich die ganzjährig bewirtschaftete Wettersteinhütte. Wir überqueren die Terrasse der Wangalm – was es natürlich nahezu unmöglich macht, sich hier keine Erfrischung zu gönnen –, gehen durch ein Türchen und folgen einem unscheinbaren Wiesenpfad bergab. Dieser ist bald deutlich ausgetreten und bringt uns in vielen Schleifen zu einem Fahrweg hinunter. Ihm folgen wir nun nach links, bis er auf eine breite Forststraße stößt. Hier wenden wir uns nach rechts (nicht dem Schild »Klamm« nach links folgen) und wandern entlang dem steileren, alten Fahrweg weiter bergab. Einmal überqueren wir die Forststraße, und kurz darauf gabelt sich unser Weg, wobei es egal ist, welchen Zweig wir nehmen, da beide Möglichkeiten gleich wieder zusammenführen. Der Weg ist nun ziemlich erodiert; Teleskopstöcke sind hier sehr angenehm. Man kann ein Stück einem parallel zum Fahrweg verlaufenden Pfad

folgen, was die Kniegelenke etwas schont. Plötzlich weitet sich der alte Fahrweg zu einem Holzplatz, und wir kommen an den Rand einer **großen Wiese**, wo wir uns nach links wenden und dem Weg am Rand der Wiese folgen. Gleich darauf ist er zu Ende, und wir gehen durch die Wiese geradeaus weiter, bis wir auf einen Querweg treffen. Hier halten wir uns etwas links bis zu einem am Waldrand verlaufenden breiten Forstweg, auf dem wir nun immer in Richtung Osten gehen. Kurz vor der ersten Ortschaft wandern wir an einer Schranke vorbei; dahinter geht es halbrechts bergab und auf einem Teerweg auf die Häuser zu.

Dieser in der Karte mit »Leutasch« gekennzeichnete Ortsteil heißt eigentlich **Kirchplatzl**. Hier geht man stur immer geradeaus auf das Hotel »Xander« zu und wendet sich vor diesem nach links. Der Straßenkurve folgend, spaziert man bis vor die Spenglerei Kluckner und biegt vor dieser wieder nach links ab (Holzschild »Lehner, Gasse«). Sogleich stehen wir am Beginn eines schönen Fußwegs, der uns entlang dem Waldrand (nicht halblinks dem Schild »Höhenweg« folgen) zu den Häusern des Ortsteils **Gasse** führt. Hier gehen wir vor der Bäckerei links; kurz hinter dieser führt uns der Wanderweg weiter bis zu den Häusern von **Lehner**. Jetzt folgen wir dem Holzschild »Ortsteil Lehner« und somit dem Teerweg nach rechts. Wir stoßen sogleich auf eine Querstraße, gehen hier links und dann geradeaus bis zu einer Christusstatue. Direkt neben dieser beginnt ein Fahrweg, auf dem wir stets in der gleichen Richtung die vor uns liegende Wiese überqueren. Wir folgen dem Weg bis zu dem kurz vor dem Puitbach liegenden Waldrand und zweigen hier nach rechts ab. Das letzte Stück der langen Tour geht es nun weglos am Waldrand entlang bis zur Hauptstraße, damit wir nicht noch einmal den kleinen Umweg vom Beginn der Wanderung wiederholen müssen. An der Straße angekommen, wenden wir uns nach links und stehen sogleich am **Ausgangspunkt** (7:30 Std.).

Die »Erinnerungshütte« am Scharnitzjoch

10 Auf die Obere Wettersteinspitze

Steile Bergtour am Ostende des Wettersteingebirges: Mittenwald – Ferchensee – Gamsanger – Obere Wettersteinspitze – Gamsanger – Ferchensee – Mittenwald

 anspr.

 16 km

 7 1/2 Std.

 ↑ 1400 m ↓ 1400 m

Tourencharakter: Anstrengende Tour, die Trittsicherheit und Schwindelfreiheit voraussetzt.
Beste Jahreszeit: Mitte Juni bis Ende Oktober.
Ausgangs-/Endpunkt: Kirche St. Peter und Paul in Mittenwald.
Wanderkarte: UK L 31 »Werdenfelser Land«, 1:50 000, Bayerisches Landesvermessungsamt.
Markierung: Rote Punkte.

Verkehrsanbindung: Mit dem Auto: Über die A 95 nach Garmisch, auf der B 2 weiter nach Mittenwald. Mit dem Zug: Von München stündlich nach Mittenwald. Von hier in wenigen Minuten zur Kirche St. Peter und Paul.
Einkehr: Lautersee Stub'n; Strandbad am Lautersee.
Unterkunft: Hotel Lautersee sowie Pensionen in Mittenwald.
Tourist-Info: Mittenwald

Liebliche Bergseen und riesige Felswände – das Wettersteingebirge legt sich an seinem östlichen Ende noch einmal kräftig ins Zeug!

Der Wegverlauf

Wir beginnen die Tour an der Kirche **St. Peter und Paul**, gehen links vorbei und kommen an einen Platz mit einem Brunnen. Die Straße »Im Gries« (Schild »Luttensee, Wildensee«) verlassen wir an der nächsten Querstraße links, indem wir dem Schild »Laintal, Lautersee« folgen. Nun immer der Laintalstraße nach, bis an ihrem Ende ein Schild »Durch das Laintal, Wasserfälle, Zum Lautersee« nach rechts weist. Bald überquert man den Lainbach; das

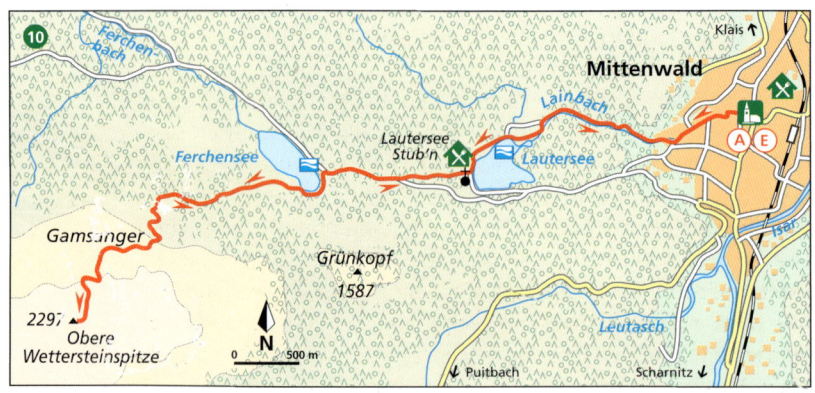

10

Flusstälchen führt bergan. Nach einer Lichtung steuern wir direkt auf den **Lautersee** zu. Noch vor dem See entscheiden wir uns an einer Gabelung für den halbrechts abbiegenden Weg (Schild »Ferchensee«) und wandern am Nordufer bis zur Lautersee Stub'n. Wieder geht es halbrechts und an einer kleinen Kapelle vorbei. Kurze Zeit später stößt man auf einen breiten Fahrweg, dem man bis zum Ferchensee folgt. Kurz vor dem See wählt man den Pfad, der von dem Fahrweg nach links abzweigt. Auf diesem wandern wir das nächste Weg-stück am Ost- und Südufer des **Ferchen-sees** entlang (1:15 Std.). Bald macht der Uferweg eine Biegung nach Nordwesten. Hier gehen wir geradeaus nach Westen über die Wiese, gerade auf einen Wiesen-rücken zu, an dessen Hang wir deutliche Wegspuren erkennen. (Nicht auf die links des Rückens gelegene Hütte zugehen!) Der Weg führt uns am Rücken entlang durch lichten Wald bis zu einer Hütte. Dahinter wendet sich der Weg nach links (Schild »Obere Wettersteinspitze, nur für Geübte«) und nun steiler durch Bergwald empor. Bei der ersten Abzweigung gehen wir geradeaus, bei der nächsten scharf links (Schild »Wettersteinspitze«). Ein paar freie Serpentinen leiten uns bald darauf zu den vor uns liegenden steilen Hängen. Ab jetzt wechseln sich steile und zum Teil ausgesetzte Passagen (Drahtseile) und flachere Abschnitte ab. Immer gut auf die roten Markierungen achtend, erreicht man endlich den flachen Absatz des so genannten **Gamsangers** (3:15 Std).

Morgennebel am Ferchensee

Dahinter geht es wieder steiler bergan über Serpentinen (hier nicht geradeaus, sondern rechts haltend den Markierungen nach) auf die ersten Felsen zu. Von nun an muss man konzentriert steigen, vor allem, um unterhalb befindliche Bergsteiger nicht mit losgetretenem Gestein zu gefährden. Nach einem kurzen weiteren Absatz folgt der Steig einem felsdurchsetzten Rücken, über den uns die roten Punkte zu dem von der Oberen zur Unteren Wettersteinspitze verlaufenden Grat bringen. Hier wenden wir uns nach rechts und stehen wenige Meter danach am schwer verdienten **Ziel** der Unternehmung (4 Std., 2297 m). Auf gleichem Weg geht es zum Ausgangspunkt zurück (7:30 Std.).

11 Vom Barmsee zu den Buckelwiesen

Abwechslungsreiche Rundwanderung auf den Spuren der Römer: Klais – Grubsee – Barmsee – Buckelwiesen – Tonihof – Klais

---

leicht

12 km

3 1/2 Std.

↑ 150 m
↓ 150 m

ja

Tourencharakter: Landschaftlich einmalige Rundtour auf guten Wegen. Ein halbstündiger Wegabschnitt verläuft entlang einer Teerstraße. An zwei Stellen ist etwas Orientierungssinn hilfreich.
Beste Jahreszeit: Das ganze Jahr über möglich.
Ausgangs-/Endpunkt: Parkmöglichkeit kurz vor Klais hinter der Sunoil-Tankstelle.
Wanderkarte: UK L 31 »Werdenfelser Land«, 1:50 000, Bayerisches Landesvermessungsamt.

Markierung: Holzwegweiser.
Verkehrsanbindung: Mit dem Auto über die A 95 nach Garmisch. Von hier weiter auf der B 2 Richtung Mittenwald bis Klais. Kurz vor dem Ort links hinter der Sunoil-Tankstelle parken. Mit dem Zug: Von München über Garmisch-Partenkirchen direkt nach Klais.
Einkehr: Tonihof.
Unterkunft: Maierhof, Seilerhof sowie Pensionen in Klais.
Tourist-Info: Krün.

Diese Rundtour bietet all das, was sich unter bayerischer (Vor-) Alpenlandschaft subsumieren lässt: stille Bergseen, eine gewaltige Bergkulisse und traumhafte Almwiesen. Zudem weisen die Grünflächen im Dreieck zwischen Klais, Krün und Mittenwald eine topografische Besonderheit auf, die treffenderweise als Buckelwiesen bezeichnet werden.

Am Nordufer des Barmsees gibt es wunderschöne Badewiesen.

Der Wegverlauf

Am Parkplatz weist ein Holzschild »Barmsee – Grubsee« auf einen guten Fußweg hin, dem wir in den Wald folgen. Immer geradeaus wandernd, geht es erst leicht bergan, dann flach über eine Wiesenfläche und schließlich hinunter zum Westende des **Grubsees**. Hier wendet sich der Weg nach links und verläuft kurz parallel zu einem Zaun. Bevor es im Wald leicht bergauf geht, biegen wir nach rechts ab, durchqueren ein Gatterl und wandern das nächste Wegstück sehr schön am Nordufer des Grubsees entlang nach Nordosten. Am gegenüberliegenden Ende erreichen wir das Strandbad. Da dieses eingezäunt ist, müssen wir durch

11

das Kassenhäuschen hindurchgehen und dann nach links. Wir überqueren nun eine Brücke und folgen dem Schild »Barmseerundweg«. Ein Querweg wird gekreuzt; dahinter es geht leicht bergauf, bald aber im Wald wieder bergab zum Westufer des **Barmsees**. Hier stößt man auf einen breiteren Fahrweg, der am Nordufer entlangführt. Wenig später kommen wir zu einer **wunderschönen Liegewiese** (45 Min.) mit traumhaften Aussichten auf den Barmsee und das dahinter liegende Karwendel. Im Sommer sollte man unbedingt Badezeug einpacken!

Der Weg leitet nun vom See weg; nach etwa 200 Metern verlassen wir den breiten Fahrweg, indem wir nach rechts dem Schild »Barmseerundweg – Krün« folgen. Nun geht es ein längeres Stück durch einen Fichtenwald. Der Weg verläuft hier nicht am Ufer, weil dieser Abschnitt Vogelbrut- und somit Schutzgebiet ist. Wir kommen an einem Haus und einer Lichtung vorbei. Hinter dem Wald treffen wir auf eine Weggabelung. Hier wenden wir uns nach rechts, und nach Überqueren eines Baches gleich wieder scharf rechts (Schild »Fußweg Ortsteil Barmsee«).

Parallel zum Schilfgebiet geht es nun nach Süden, bis wir auf die Hauptstraße treffen. Diese überqueren wir links des gegenüberliegenden Wäldchens. Wir stehen nun am Rand einer Wiese, wodurch sich zwei Alternativen ergeben: Ist die Wiese gemäht, gehen wir halblinks den Wiesenhang hinauf, bis wir auf der anderen Seite auf einen Fahrweg und dort auf einen Holzwegweiser treffen. Im anderen Fall müssen wir ein kurzes Stück nach links

11

der Hauptstraße sowie einer Abfahrt von dieser folgen. Hier beginnt in einer Kurve ein Fahrweg, der uns nach rechts, leicht ansteigend, zu oben erwähntem Wegweiser führt. Dort folgen wir der Beschilderung »Kapelle, Hochstraße, Tonihof« und wandern zu der sehr schön gelegenen **Kapelle** hinauf (1:45 Std.). Kurz dahinter treffen wir auf die so genannte »Hochstraße«, die wir rechts begehen. Der nächste, etwa halbstündige Wegabschnitt ist zwar geteert, dafür öffnet sich aber ein wunderschönes Panorama mit lieblichen Almflächen im Vorder- und den gewaltigen Gebirgsketten Wetterstein und Karwendel im Hintergrund. Wir kommen an zwei schön gelegenen Höfen (→**Unterkunft**) vorbei und sehen halbrechts schon den am südlichsten gelegenen Tonihof. Etwa 100 Meter, bevor wir rechts zum Tonihof abbiegen, zweigt nach rechts ein Wirtschaftsweg mit grünem Schild »Klais«

Die schroffen Nordwände des Karwendels ergeben zusammen mit den lieblichen Buckelwiesen ein unvergleichliches Landschaftsbild.

ab. Diesen Abzweiger merken wir uns für den Rückweg, denn zunächst geht es zum **Tonihof** und von hier zur benachbarten Kapelle (2:20 Std.). Unweit der Kapelle hat man einen wunderschönen Blick auf die um uns herum liegenden Buckelwiesen und die dahinter aufragenden Gipfel von Wörner, Tiefkarspitze und Westlicher Karwendelspitze.

Wie es nun weiter geht, hängt wieder von der Jahreszeit ab: Sind die Wiesen nicht gemäht, geht man zurück zu erwähntem grünen Schild und folgt diesem talwärts bis zu einem breiteren Fahrweg. Hier links gehen, bis man die Bahnlinie erreicht. Ist die

11

Special

> **Buckelwiesen**
> Ursprünglich bedeckten unzählige Grashügel das gesamte, zwischen Mitten-
> wald und Krün gelegene Almgebiet. Um sie landwirtschaftlich nutzbar zu ma-
> chen, wurden aber große Teile planiert. Zum Glück stehen die verbleibenden
> Buckelwiesen heute unter Schutz. Ihre Entstehung ist eng mit den geomorpho-
> logischen Prozessen gegen Ende der Eiszeit verknüpft. Das vom Eis befreite
> Gelände unterlag einem Klima, wie es heute zum Beispiel auf Spitzbergen vor-
> herrschend ist. Dort konnten Geografen beobachten, wie der häufige Wechsel
> von Auftauen und Gefrieren des Erdreiches zu so genannten Frostmusterböden
> führte. Durch die Volumenzunahme des im Boden gebundenen Wassers beim
> Gefrieren wird der Boden zusammengedrückt und nach oben gewölbt. Diese
> noch recht flachen Wölbungen werden durch das nun netzartig abfließende
> Schmelzwasser zu stärker ausgeprägten Hügeln herausgearbeitet. Auf den zu-
> erst mit Flechten und Moosen bewachsenen Hügeln konnte sich mit der nach-
> eiszeitlichen Erwärmung der Wald (zuerst Spirke, dann Birke und schließlich
> Bergmischwaldgesellschaften) ausbreiten. Nach umfangreichen Rodungen
> und Beweidungen durch den Menschen wurden Steppenpflanzen aus alpinen
> Regionen (eiszeitliche Reliktflora) auf den Buckelwiesen heimisch. Dies er-
> klärt die artenreiche Pflanzenzusammensetzung der Buckelwiesen, von denen
> die meisten Arten unter Naturschutz stehen. Unter anderem wachsen hier
> Mehlprimeln, Stengelloser Enzian, Habichtskraut und Berghahnenfuß.

Wiese gemäht, geht man von der Kapelle aus auf eine frei ste-
hende Fichte zu und in gleicher südwestlicher Richtung weiter
einen Wiesenhang hinab, bis man auf die Gabelung eines Fahrweges (direkt neben einer großen Scheune) stößt. Hier nehmen
wir in Richtung Norden schauend den linken Weg und wandern
an Scheunen vorbei leicht bergab. Bald stoßen wir auch auf den
breiten Fahrweg, wenden uns nach links und befinden uns an besagten Bahngleisen. Diese überquert man, geht halbrechts bergab und über die Autostraße. Auf der anderen Seite beginnt ein
weiterer Fahrweg (Schild »Fußweg nach Klais«), der uns entlang
weiterer Buckelwiesen zu einem Tälchen und durch dieses hindurch führt. Wir erreichen einen kurz vor einem Bach gelegenen
Waldrand und wenden uns hier, dem Schild »Römerweg« folgend, nach rechts vom Hauptweg ab. Das letzte Teilstück unserer
Rundtour verläuft nun auf der alten Via Raetia (→**Einführung,
Geschichte**). Noch heute kann man hier die Radspuren bestau-
nen, die sich tief in den Fels eingegraben haben.
Wir treten aus dem Wald heraus und folgen weiter dem Bach,
um kurz darauf abermals einen historisch bedeutsamen Ort zu
streifen. Eine Infotafel weist auf eine Ausgrabung des mittelalter-
lichen Klosters von Klais hin. Schließlich kommen wir zur
Hauptstraße und folgen dieser nach links bis zum Bahnhof. Hier
muss man nur noch die B 2 überqueren, um wieder zum **Ausgangspunkt** zurückzugelangen (3:30 Std).

12 Auf den Hohen Kranzberg

Gemütliche Wanderung vor imposanter Hochgebirgskulisse: Parkplatz –
Korbinianhütte – Gasthaus St. Anton – Hoher Kranzberg – Wildensee – Parkplatz

leicht

8 km

3 Std.

↑ 400 m
↓ 400 m

ja

Tourencharakter: Unschwere Rundtour auf guten Wegen.
Beste Jahreszeit: Mai bis Ende Oktober.
Ausgangs-/Endpunkt: Parkplatz kurz vor dem Luttensee.
Wanderkarte: UK L 31 »Werdenfelser Land«, 1:50 000, Bayerisches Landesvermessungsamt.
Markierung: Wegweiser.
Verkehrsanbindung: Mit dem Auto über die A 95 nach Garmisch. Weiter

auf der B 2 und rechts nach Mittenwald. Kurz vor Mittenwald scharf rechts Richtung Klais, bald (direkt nach Bahnunterführung) links bis zum großen Parkplatz.
Einkehr: Korbinianhütte, Tel. 08823/84 06, Freitag Ruhetag; Kranzberg-Gipfelhaus, Tel. 08823/15 91.
Unterkunft: Mittenwald.
Tourist-Info: Mittenwald.

Es gibt kaum einen besseren Ort, um sowohl die Wettersteinwände als auch die Gipfel des Karwendels von einem Punkt aus auf sich wirken zu lassen, als den Hohen Kranzberg. Und als Zugabe präsentieren sich im Norden die weichen Kuppen des Estergebirges und der Walchenseeberge von ihrer Schokoladenseite.

Die Rundtour am Kranzberg ist eine ideale Familienwanderung.

Der Wegverlauf

Vom Parkplatz aus geht man ein Stück die Straße zurück, bis rechts ein schmalerer Teerweg abzweigt (Schild »Korbinianhütte«). Es geht in schönem Almgelände bergan. Nachdem man einen Lift unterquert hat, wendet man sich an einer Gabelung nach links (Wegweiser »Korbinianhütte Fußweg«) und wandert nun auf einem Erdweg weiter bergan. An der nächsten Gabelung hält man sich rechts (Schild »Korbinianhütte«); der Weg wird steiler. Man stößt auf einen von links kommenden Fahrweg, den man nach rechts weitergeht. Freie Almwiesen und kurze Waldstücke wechseln sich ab bis zur **Korbinianhütte** (30 Min.). Dort an der Wegkreuzung geht es geradeaus, kurz etwas steiler.

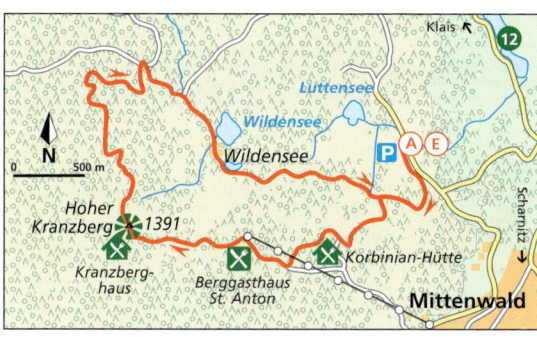

Nachdem es bei Almwiesen wieder abflacht, verengt sich der Weg. Von rechts mündet ein Weg Richtung »Wildensee« ein. Wir gehen aber weiter geradeaus Richtung »Berggasthaus St. Anton«. Bald kommt man an der Bergstation eines Sessellifts vorbei, steigt Holzstufen hinauf und erreicht einen zum Gasthaus führenden breiten Fahrweg. Indem wir geradeaus gehen, lassen wir dieses links liegen und laufen auf einem breiten Fahrweg in Richtung »Kranzberggipfel«. Noch einmal wird es steiler. Kurz kann man den Fahrweg auf einem parallel verlaufenden Fußweg verlassen, um ihm dann wieder bis zu einer Holzhütte zu folgen. Hier wendet man sich nach rechts und hält sich an den Wegweiser »Aussichtspunkt«, der uns zum Kranzberghaus und dem unweit oberhalb befindlichen **Gipfel** leitet (1:30 Std., 1391 m).

Für den Abstieg dreht man sich zur Nordseite des Gipfels, wo ein Schild »Wildensec« auf einen hinabführenden Fußweg hinweist. Achtung: Bei einer Kurve nicht geradeaus gehen, sondern auf dem Weg bleiben! Bei einer anschließenden Gabelung hält man sich links Richtung »Wildensee«. Noch einmal wandert man durch freie Almflächen, bevor es im Wald auf Serpentinen bergab geht. Der Weg wird breiter, das Gelände flacher. Einem breiten Fahrweg folgt man nach rechts (Schilder »Wildensee« und »Militärbereich«). Nach einem Stück auf einer Teerstraße, zweigt man rechts in einen beschilderten Schotterweg ab. Kurz darauf gelangt man zum **Wildensee**, den man über einen ganz kurzen Abstecher vom Fahrweg aus erreicht. Unser Weg verläuft geradeaus weiter, zunächst parallel zum See. Er wird schließlich zu einem Teerweg, kommt an einem kleinen Skigebiet vorbei und weist einen letzten Anstieg auf. Nun immer geradeaus bergab wandernd, kommen wir an die Stelle, an der wir beim Aufstieg von dem Teerweg abgebogen sind. Zuletzt gelangt man auf bekanntem Weg zurück zum **Ausgangspunkt** (3 Std.).

13 Von Scharnitz auf die Große Arnspitze

Steiler Aufstieg zu einsam gelegenem Aussichtsgipfel: Scharnitz – Arnspitzhütte
– Große Arnspitze – Scharnitz

 mittel

 10 km

 5 ½ Std.

 ↑ 1250 m ↓ 1250 m

Tourencharakter: Bergtour mit südexponiertem, recht steilem Gipfelanstieg. Früh aufbrechen und genügend zu trinken mitnehmen!
Beste Jahreszeit: Mitte Mai bis Ende Oktober.
Ausgangs-/Endpunkt: Scharnitz.
Wanderkarte: UK L 31 »Werdenfelser Land«, 1:50 000, Bayerisches Landesvermessungsamt.

Markierung: Rote Punkte.
Verkehrsanbindung: Mit dem Auto über die A 95 nach Garmisch. Weiter auf der B 2, an Mittenwald vorbei nach Scharnitz. Mit dem Zug direkt von München über Garmisch und Mittenwald nach Scharnitz.
Einkehr: Unterwegs keine.
Unterkunft: Pensionen in Scharnitz.
Tourist-Info: Scharnitz.

Was für Familien der Hohe Kranzberg ist, das ist für den geübten Bergwanderer die Große Arnspitze. Beide Gipfel liegen etwas isoliert zwischen dem Wetterstein und dem Karwendel und stellen somit wunderbare Aussichtsberge dar. Natürlich ist der Ausblick von der Arnspitze noch spektakulärer.

Der Wegverlauf

Direkt am nördlichen Ortsschild von Scharnitz weist ein grünes Schild »Arnspitze« auf den Beginn der Tour hin. Wir überqueren eine Brücke und kommen sogleich an eine Weggabelung. Hier gehen wir geradeaus, indem wir einem weiteren Schild »Große Arnspitze« folgen. Zunächst geht es angenehm flach, dann etwas steiler auf einer Forststraße durch Bergmischwald bergan. Der Fahrweg endet an einem Wendeplatz. Hier folgen wir halblinks einem schmalen, mit roten Punkten markierten Fußweg. Es wechseln sich in der Folge steilere und flachere Passagen ab. Der Weg ist nicht stark ausgetreten, sodass man sich im Herbst, nachdem das Laub gefallen ist, an den roten Markierungen orientieren muss. Nach einer kurzen felsigen Passage aufpassen, dass man nicht geradeaus geht, sondern rechts dem Wegweiser »Arnspitze« folgt! Nach einer guten Stunde quert der Weg in die breite Rinne der so genannten **Haselähne.** Auf deren linker Seite wandern wir durch die Lat-

Frühzeitige Wintereinbrüche machen den Herbst zu einer anspruchsvollen Wanderzeit.

schenzone weiter bergauf. Bald ziehen die Serpentinen eine Schotterfläche hinauf und wenden sich nach Süden. Weiter gehen wir durch dichtes Latschengelände bergauf bis zu einem Absatz, an dem wir auf den von Mittenwald her kommenden Weg stoßen (siehe Alternativabstieg).

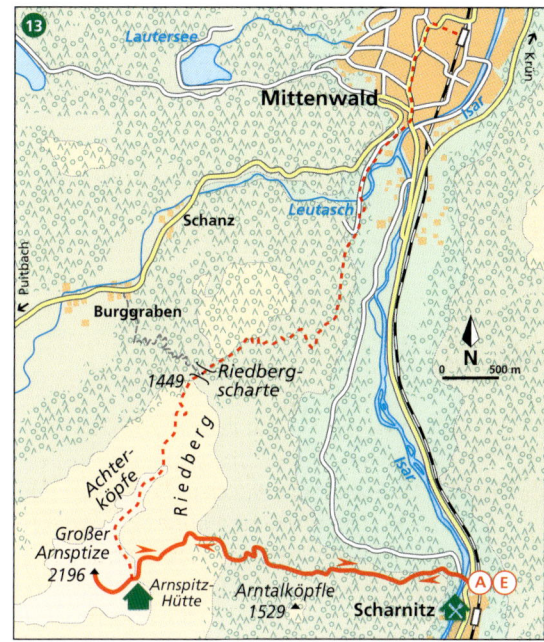

In Richtung Südwesten geht es auf einen Sattel zu. Bevor wir diesen erreichen, lohnt sich ein kurzer Abstecher zur unbewirtschafteten **Arnspitzhütte** (2:15 Std., 1930 m). Von der Hütte aus gehen wir wieder zu unserem Aufstiegsweg und auf besagten Sattel mit Marterl zu. Hier wendet sich der Weg nach rechts und gewinnt in steilen Serpentinen weiter an Höhe. Wir umgehen einen Felsaufschwung, queren in eine breite Rinne und steigen durch diese bis zu deren Ende. Hier wenden wir uns nach rechts, nehmen kurz die Hände zu Hilfe und stehen darauf auf dem knapp 2200 Meter hohen **Gipfel** (3:15 Std.).

Der Abstieg erfolgt auf dem gleichen Weg (5:30 Std.). Für Bahnbenutzer bietet sich folgende Alternative an: Auf demselben Weg steigt man bis zu der Weggabelung mit dem Schild »Mittenwald« ab. Hier links und unterhalb der Achterköpfe lange nach Norden queren bis zu einem aussichtsreichen Rücken am Riedkopf. Über diesen geht es hinab zur Riedbergscharte. Man wendet sich nach rechts und steigt weiter in vielen Serpentinen durch den Wald bergab. Schließlich wird der Weg flacher und quert nach Norden zu einem Fahrweg, über den man eine Teerstraße erreicht. Dieser immer in nördliche Richtung folgend, erreicht man bald die Hauptstraße und die Ortsmitte von Mittenwald.

14 Rundwanderung auf die Schöttelkarspitze

Von der Isar zu wunderschönen Bergseen: Krün – Seinskopf – Schöttelkarspitze – Soiernhäuser – Fischbachalm – Krün

 mittel

 17 km

 5 ¾ Std.

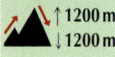 ↑1200 m ↓1200 m

Tourencharakter: Abwechslungsreiche Rundtour mit steilem Anstieg und relativ flachem, dafür aber langem Abstieg.
Beste Jahreszeit: Anfang Juni bis Ende Oktober.
Ausgangs-/Endpunkt: Wanderparkplatz bei der Soiernstraße in Krün.
Wanderkarte: WK 323 »Karwendel – Mittenwald«, 1:50 000, Freytag & Berndt.
Markierung: Rote Punkte.

Verkehrsanbindung: Über die A 95 nach Garmisch und auf der B 2 weiter Richtung Mittenwald. Der Beschilderung »Krün« folgend bis kurz vor die Ortsmitte. Hier vor Kirche rechts in die Soiernstraße bis zu einer Gabelung. Von dort ausgeschildert zum Wanderparkplatz.
Einkehr/Unterkunft: Soiernhaus (DAV), Tel. 0171/5 46 58 58, Mitte Mai bis Mitte Oktober bewirtschaftet.
Tourist-Info: Krün.

Dass sich in der Soierngruppe auch der bayerische Adel wohl fühlte, davon zeugt der beim Abstieg zu passierende »Lakaiensteig«: Während sich König Ludwig samt Anhang zu Pferd zu den Soiernhäusern tragen ließ, musste die Dienerschaft den anstrengenderen, aber direkteren Zustieg nehmen.

Der Wegverlauf
Vom Parkplatz geht man ein Stück zurück zur Soiernstraße, wendet sich nach links und überquert bald darauf die Isar. Vor einer

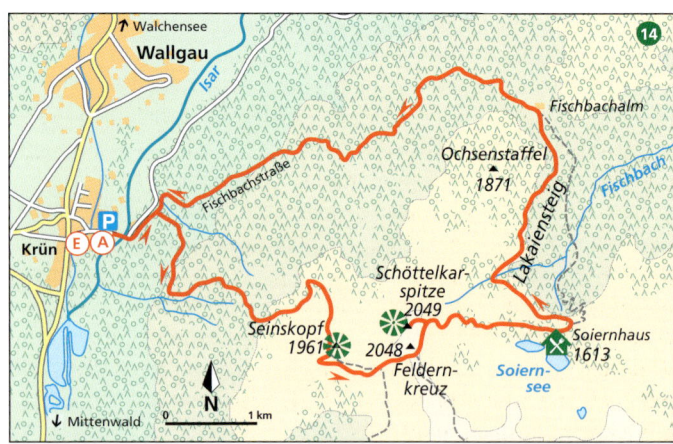

14

Wandertafel folgt man kurz links dem Forstweg, um ihn nach wenigen Metern nach rechts bergan zu verlassen (Schild »Schöttelkarspitze«). Der Fußweg verläuft zunächst parallel oberhalb der Forststraße, wird dann aber steiler und gabelt sich. Wir wandern halblinks und stoßen auf einen Forstweg, dem man ein Stück nach links folgt. Bald darauf geht es nach links in einen schmaleren Fahrweg und an einer Gabelung geradeaus weiter. Der Fahrweg wird langsam zum Fußweg und quert nach Süden zum Aussichtspunkt am Schwarzkopf (40 Min., 1100 m). Von hier spazieren wir zunächst gemächlich bergan, bis der Weg an einem Murkegel deutlich steiler wird. Der wieder flachere Weg quert ein Stück in Richtung Nordosten. An der nächsten Gabelung gehen wir rechts bergan (nicht geradeaus Richtung Herzogsteig!) und

Blick vom Feldernkreuz auf die Schöttelkarspitze

wieder steiler bergan. Über einen Latschenrücken erreicht man den ersten freien Wiesensattel,. Hier lohnt sich links der kurze Abstecher zum **Seinskopf** (2 Std.). Danach geht man wieder zum Sattel und wendet sich nach links. Der Weg quert nun in Richtung Soiernspitze. Hier muss man aufpassen: Kurz bevor man eine Erosionsrinne erreicht, zweigt der Weg halblinks ab und führt als schlechterer Steig auf das Feldernkreuz. An der dortigen Weggabelung geht man wieder links, steigt kurz ein Stück zu einem Sattel bergab und quert nun flach auf die Nordseite der Schöttelkarspitze. Hier stößt man auf einen breiteren Weg und folgt diesem bis zum breiten Gipfel (3:40 Std., 2049 m).

Vom Gipfel folgen wir den Serpentinen hinab nach Norden zu einem Sattel und wenden uns hier nach rechts. Der kurzzeitig etwas erodierte Weg wird bald immer breiter und führt in angenehmem Gefälle zum **Soiernhaus** (4:20 Std.). An der Terrasse folgen wir dem Schild »Lakaiensteig« zu einem weiter bergab führenden Fußweg. Nach wenigen Minuten zweigt von diesem der zum Teil etwas ausgesetzte **Lakaiensteig** ab. Zunächst geht es etwas bergab, dann wieder bergauf und im weiteren Verlauf in etwa derselben Höhe immer in Richtung Norden. In lichtem Wald erreicht man schließlich die Fischbachalm (4:30 Std.), wo man auf eine breite Forststraße trifft. Dieser folgen wir nach links zurück zum Ausgangspunkt (5:45 Std.).

15 Auf dem Mittenwalder Klettersteig

Luftige Gratwanderung hoch über der Isar: Karwendelbahn – Linderspitze – Tiroler Hütte – Scharnitz

 anspr.

 8 km

 6 Std.

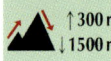 ↑ 300 m ↓ 1500 m

Tourencharakter: Mäßig schwieriger Klettersteig, der aber absolute Schwindelfreiheit und Trittsicherheit erfordert. Aufgrund der Option der Karwendelbahn konditionell nicht besonders anspruchsvoll. Nicht bei Gewitterneigung begehen, denn Drahtseile und Eisenleitern ziehen Blitze geradezu an!
Beste Jahreszeit: Je nach Schneelage Ende Juni bis Ende Oktober.
Ausgangspunkt: Bahnhof Mittenwald.
Endpunkt: Bahnhof Scharnitz.
Wanderkarte: WK 323 »Karwendel – Mittenwald«, 1:50 000, Freytag & Berndt.

Markierung: Rote Punkte, zum Schluss 27.
Verkehrsanbindung: Mit dem Auto über die A 95 nach Garmisch. Von hier weiter auf der B 2 nach Mittenwald. Mit dem Zug: Von München über Garmisch direkt nach Mittenwald.
Einkehr: Tiroler Hütte, geöffnet Anfang Juni bis Ende Oktober bei Schönwetter, Tel. 0179/4 53 00 65, keine Übernachtungsmöglichkeit.
Unterkunft: Pensionen in Mittenwald oder Scharnitz.
Tourist-Info: Mittenwald.

An der Tiroler Hütte hat man den eigentlichen Klettersteig schon hinter sich.

Zu dieser beeindruckenden Kammüberschreitung reist man am besten mit dem Zug an, da Ausgangs- und Endpunkt direkt an der Bahnlinie München – Innsbruck liegen. So entgeht man auch dem an schönen Wochenenden üblichen Stau im Loisachtal.

Der Wegverlauf

In Mittenwald folgt man ein kurzes Stück der gleisparallelen Straße Richtung Süden, wendet sich dann nach links, um auf der Hauptstraße die Isar zu überqueren. Kurz nach der Brücke führt ein Weg halblinks zur **Karwendelbahn**, mit der man zum Beginn der Wanderung hinaufschwebt. Von der Bergstation führen zwei gut angelegte Wege zum **Beginn des Mittenwalder Klettersteiges**, der an der Nördlichen Linderspitze (2372 m) beginnt. Von nun an sind Trittsicherheit und Schwindelfreiheit angesagt. In stetem Auf und Ab folgt man dem gut markierten Gratverlauf in Richtung Süden.

15

Tipp

Wer sich die Fahrt mit der Bergbahn sparen möchte und gute Kondition besitzt, dem sei der Mittenwalder Klettersteig in umgekehrter Richtung empfohlen (Start in Scharnitz). Der Abstieg beginnt dann nordöstlich der Bergstation und führt über den steilen Mittenwalder Steig und die Mittenwalder Hütte hinunter ins Isartal.

Schwierigere Passagen sind mit Drahtseilen und Eisenleitern bestens gesichert. Der Weg führt über den Gamsanger und an der Sulzeklammspitze vorbei zur Kirchlspitze. Nach anderthalb bis zwei Stunden weitet sich der Grat zu einem breiteren Rücken, was den Abstieg hinunter zum Brunnsteinanger ungemein erleichtert. Etwas oberhalb des Angers steht die **Tiroler Hütte** – aufgrund ihrer traumhaften Lage ein Rastplatz par excellence. Im Osten beeindruckt die mächtige Westflanke der Pleisenspitze, welche das tief unter uns liegende Karwendeltal um etwa 1500 Höhenmeter überragt. Von der Hütte folgt man nicht den Steigspuren, die in die Südosthänge unseres Berges führen, sondern weiter dem Kammverlauf. Man überschreitet die Rotwandlspitze (2191 m), bevor sich der so genannte Pürzelsteig hinter der Brunnensteinspitze (2180 m) leicht vom Kamm abwendet, um ihn gleich darauf am Brunnensteinkopf wieder einzuholen. Von nun an führt der Abstieg erst durch die Latschenzone, bevor er von einem wunderschönen Bergmischwald umrahmt wird. Über angenehm angelegte Serpentinen erreicht man den Ort **Scharnitz** und dort schließlich die Isarbrücke. Hier folgt man rechts der Hauptstraße in Richtung Deutschland. Bald weist ein Schild nach rechts auf das Bahnhofsgebäude hin.

16 Über den Reitsteig auf das Grasköpfl

Einsame Wildbachwanderung zu nettem Aussichtsgipfel: Rißbach – Wiesbauern-Hochleger – Grasköpfl – Wiesbauern-Hochleger – Rißbach

○ leicht

11 km

4 1/2 Std.

↑ 950 m ↓ 950 m

Tourencharakter: Vergleichsweise einsame und waldreiche Wanderung entlang eines schönen Wildbachs. Die Gipfelbesteigung erfordert etwas Trittsicherheit.
Beste Jahreszeit: Anfang Mai bis Mitte November.
Ausgangs-/Endpunkt: Parkbucht 2,5 km südlich von Vorderriß.
Wanderkarte: WK 323 »Karwendel – Mittenwald«, 1:50 000, Freytag & Berndt.

Markierung: Rote Punkte.
Verkehrsanbindung: Mit dem Auto: Von München über Bad Tölz und Lenggries zum Sylvensteinspeicher. Hier rechts nach Vorderriß und weiter Richtung Hinterriß. Nach 2,5 km auf der in Fahrtrichtung linken Seite parken.
Einkehr: Unterwegs keine.
Unterkunft: Gasthof Zur Post, Vorderriß.
Tourist-Info: Lenggries.

Besonders nette Touren entdeckt man per Zufall: Ein früher Wintereinbruch im September 2002 machte meine Pläne, auf den Schafreuter zu steigen, zunichte. Ich studierte die Karte und fand im Grasköpfl ein fast schneefreies und wunderschönes Ausweichziel.

Der Wegverlauf

Am Beginn der Wanderung, direkt an der Straße nach Hinterriß, steht ein weißes DAV-Schild: »Reitsteig – Wiesbauern-Hochleger«. Wir folgen diesem halblinks und wandern einen alten Fahrweg entlang. Nach Überquerung eines Bachbetts verschmälert sich unser Weg zum Fußweg. Bei einer Gabelung gehen wir links und folgen den roten Markierungen (an Bäumen). In Serpentinen geht es bergan und über eine Holzbrücke, dann wird es flacher, und wir kommen zu einem Forstweg. Diesem folgen wir nun ein Stück und müssen an der zweiten Linkskurve aufpassen: Hier zweigt – kurz bevor der Weg eine Freifläche erreicht – unser Fußweg scharf nah rechts ab (rote Pfeile an Bäumen). Wir wandern über eine Lichtung, wobei wir zweimal den Fahrweg kreuzen. Schließlich wendet sich unser Weg nach Südosten und quert leicht abfallend in

Der Aufstieg zum Grasköpfl führt über die schöne Wiesbauern Alm.

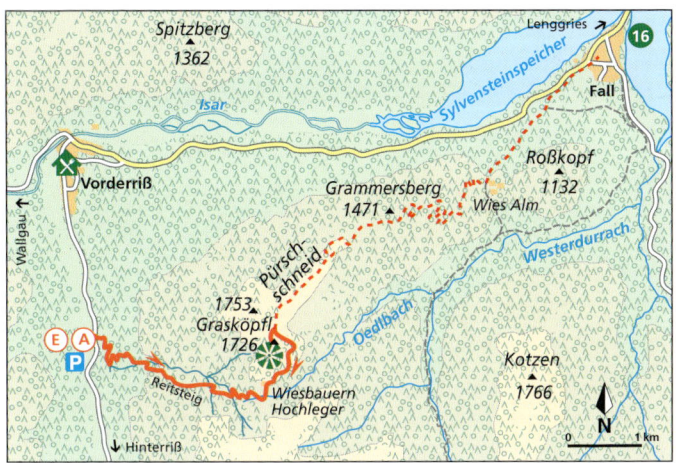

das schöne Tal eines Wildbaches. Diesen überquert man auf einer Holzbrücke; auf der gegenüberliegenden Seite geht es dann in Serpentinen durch wunderschönen Bergmischwald berg-auf. Der Weg wird etwas flacher, und wir überqueren abermals den Bach, um am Gegenhang weiter aufzusteigen. Kurz nach einer Lichtung erreichen wir eine freie Almfläche, über die wir auf einem Wiesenpfad zu einem Wegweiser weiterwandern (1:50 Std.). An diesem geht es nach links (»Grammersberg nach Fall«) und auf die Almhütte Wiesbauern-Hochleger. Links daran vorbei, quert der Weg zuerst über Wiesen, dann durch Wald in Richtung Nordwesten. Man kommt an einer kleinen Wasserfas-sung vorbei und hat bald Aussicht auf den Sylvensteinspeicher. Kurze Zeit später erreicht man den Rand eines weiten Erosi-onstrichters; der Weg wendet sich kurz von diesem ab und quert dann wieder leicht ansteigend den Kessel in seiner gesamten Länge. Von hier aus sehen wir das Gipfelkreuz über uns, wan-dern aber sozusagen unter diesem hindurch weiter nach Norden. Auf der gegenüberliegenden Seite muss man aufpassen: Dort wo der Weg fast schon die schmale, mit Latschen bewachsene Kammlinie erreicht, zweigt scharf links ein schmaler Fußweg ab (unmarkiert). Dieser führt zuerst durch Latschen und zum Schluss über einen steilen Wiesenhang zum höchsten Punkt (2:30 Std, 1753 m). Der Abstieg erfolgt auf dem Anstiegsweg (4:30 Std.).

17 Über die Moosenalm auf den Schafreuter

Abwechslungsreiche Rundwanderung mit herrlichem Gipfel: Oswaldhütte – Moosenalm – Schafreuter – Tölzer Hütte – Parkplatz am Leckbach

mittel

12 km

5 Std.

↑ 1300 m
↓ 1300 m

Tourencharakter: Technisch unschwierige Rundtour mit aussichtsreichem Gipfel.
Beste Jahreszeit: Ende Mai bis Ende Oktober.
Ausgangspunkt: Parkplatz bei der Oswaldhütte.
Endpunkt: Parkplatz am Leckbach.
Wanderkarte: WK 323 »Karwendel – Mittenwald«, 1:50 000, Freytag & Berndt.
Markierung: Rote Punkte.
Verkehrsanbindung: Mit dem Auto: Von

München über Bad Tölz und Lenggries zum Sylvensteinspeicher. Hier rechts nach Vorderriß und weiter Richtung Hinterriß bis zum Parkplatz hinter der Oswaldhütte. Mit dem Zug: An Hochsaison-Wochenenden mit der BOB bis Lenggries und von dort weiter mit dem Bergsteigerbus in die Eng, Haltestelle Oswaldhütte.
Einkehr/Unterkunft: Tölzer Hütte (DAV), Tel. 0043/664/1 80 17 90, Mitte Mai bis Mitte Oktober.
Tourist-Info: Lenggries.

Der Schafreuter ist eigentlich ein Skitourenklassiker. Wie oft ich ihn im Winter bestiegen habe, kann ich kaum noch zählen. So kam es, dass ich mich erst durch die Arbeit an diesem Buch davon überzeugen konnte, wie wunderschön diese Tour auch im Sommer ist.

Der Wegverlauf

Vom **Parkplatz hinter der Oswaldhütte** aus gehen wir die Straße ein Stück zurück und wenden uns (nach dem Bach) nach rechts.

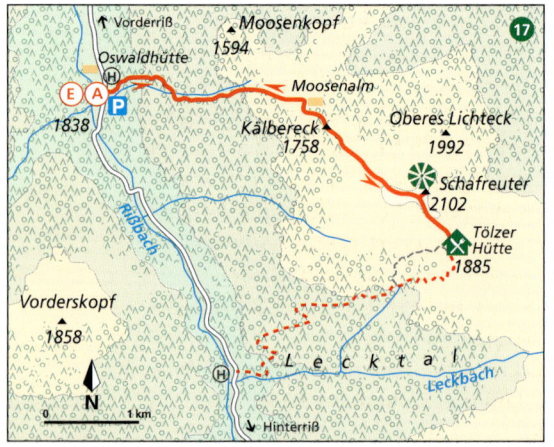

Hier sehen wir ein Schild »Moosenalm, Tölzer Hütte«, wo ein schmaler Fußweg beginnt, der uns links des Baches auf freie Almwiesen führt. In vielen kleinen Kehren geht es bald in lichten Wald hinein, wo sich der Weg gabelt. Ob wir hier rechts (rot markiert und steiler) oder links (etwas länger, aber flacher) ge-

17

Die Moosen-alm ist eine der schönsten im Vorkar-wendel.

hen, ist egal, da sich beide Wege bald wieder treffen. Nach ei-nem Gatter wird das Gelände deutlich flacher; erste Felsplatten und ein schöner Bach folgen. Weiter geht es durch Wald zu einer freien Almwiese und nach rechts zu einem schwach ausgepräg-ten Sattel. Man läuft leicht bergab auf eine schöne Lichtung und über diese weiter in östliche Richtung zur **Moosenalm** (1:45 Std.). Kurz vor der Alm nach rechts (Schild »Tölzer Hütte, Schafreuter«) und durch lichtes Latschengelände weiter bergan. Beim nächsten Schild an einer Gabelung wieder Richtung Schafreuter gehen (links). Der Weg verläuft nun über dessen breiten Ostrücken. Zu-erst in Latschengelände, dann über freie Wiesenhänge und schließlich über einen felsdurchsetzten Wiesenkamm erreichen wir das **Gipfelkreuz** (3 Std., 2102 m). Der Abstieg erfolgt auf glei-chem Weg oder folgendermaßen: Vom Gipfel ein ganz kurzes Stück zurück, dann gleich nach links und über eine Felsstufe zu dem in der Südflanke verlaufenden Fußweg absteigen. Bald quert der Weg zum Südostrücken des Schafreuters, wo wir auf einen mit vielen Steinmännern verzierten Absatz stoßen. Immer in der-selben Gehrichtung erreichen wir zuletzt über einige Schleifen die **Tölzer Hütte** (3:30 Std.). Hier wandern wir über die Wiese zum Schild »Parkplatz Leckbach« und weiter nach Osten bergab. Am Schild »Fleischbank« gehen wir nicht links, sondern weiter gerade bergab zu dem unter uns liegenden deutlichen Fußweg. Dieser führt in Serpentinen weiter über die Wiesenhänge bergab. Es folgt im lichten Waldgelände eine lange flache Querung; bei einer Gabelung gehen wir geradeaus. Immer in angenehmem Gefälle folgen wir nun dem Fußweg bergab, bis wir auf den pa-rallel zum Leckbach verlaufenden Fahrweg stoßen. Über diesen erreichen wir die Straße und Bushaltestelle am Rißbach (5 Std.). Man kehrt per Anhalter, zu Fuß (ca. 35 Min.) oder mit dem Bus zum Ausgangspunkt zurück.

18 Über die Grasbergalm auf die Fleischbank

Aussichtsreiche Kammwanderung vor gewaltiger Kulisse: Kreuzbrücke – Grasbergalm – Fleischbank – Rißbach

 mittel

 16 km

 6 ¼ Std.

 ↑ 1200 m ↓ 1200 m

Tourencharakter: Wunderschöne Rundtour, die Trittsicherheit und Schwindelfreiheit erfordert. Aufgrund des südseitigen Anstiegs nicht zu spät aufbrechen.
Beste Jahreszeit: Frühsommer und Herbst.
Ausgangspunkt: Parkplatz Nr. 5 an der Kreuzbrücke.
Endpunkt: Jagdhaus gegenüber Johannestal.
Wanderkarte: WK 323 »Karwendel – Mittenwald«, 1:50 000, Freytag & Berndt.
Markierung: Rote Punkte.
Verkehrsanbindung: Mit dem Auto:
Von München über Bad Tölz und Lenggries zum Sylvensteinspeicher. Hier nach rechts und über Vorder- nach Hinterriß. Weiter auf der Mautstraße ins Rißtal zu Parkplatz 5. Mit dem Zug: Von München mit der BOB direkt nach Lenggries. Von hier an Hochsaisons-Wochenenden weiter mit dem Bergsteigerbus in die Eng bis Haltestelle »Einstieg Laliderer Tal« und von hier zu Fuß 1,5 km zurück zur Kreuzbrücke. Rückfahrt von Haltestelle »Alpenhof«.
Einkehr: Unterwegs keine.
Unterkunft: Hinterriß.
Tourist-Info: Besucherzentrum Karwendel in Hinterriß.

Blick von der Grasbergalm auf das wunderschöne Laliderer Tal

Einen besseren Platz, um die zwei Charakterzüge des Karwendels zu erfahren, gibt es wohl nirgends. Von der Fleischbank aus hat man eine hervorragende Aussicht auf die im Norden liegenden lieblichen, grünen Berge des Vorkarwendels und gleichzeitig auf den Karwendelhauptkamm im Süden, der einer gewaltigen, steilen Felsmauer gleich in den Tiroler Himmel ragt.

Tipp

Am besten deponiert man am Endpunkt der
Wanderung ein Fahrrad, mit dem einer der
Teilnehmer dann das am Parkplatz 5 ste-
hende Auto abholen kann.

Der Wegverlauf

18

Man durchquert den
Weidezaun, der gegen-
über dem **Parkplatz 5**
liegt und hinter dem
ein Holzschild »Grasbergalm, Kompar« nach rechts weist. Man
folgt nun stets einem alten Fahrweg, der in angenehmer Steigung
durch den schönen, lichten Bergwald bergan führt. Der Weg
überquert flacher eine Furt. Nun folgen viele Serpentinen in lichtem Waldgelände. Immer wieder öffnen sich Ausblicke auf die im
Westen gelegene Soierngruppe und das direkt gegenüber im Süden von uns befindliche Laliderer Tal. Der Weg flacht schließlich
ab, und der Waldbereich wird von offenem Almgelände abgelöst.
Der Weg wendet sich nach Nordosten und führt uns direkt zur
sehr schön gelegenen **Grasbergalm** (1:40 Std., 1540 m). Hinter
der Alm gabelt sich der Weg. Wir wenden uns nach links und folgen einem schmaleren, alten Fahrweg nach Nordwesten weiter
bergan. Der Weg wird zu einem schmalen Fußweg und führt
durch Almwiesen, bevor er in die Latschenzone hineinführt. Hier
stößt man auf zwei Weggabelungen, an denen man sich links
hält. An der zweiten Gabelung weist das Schild »Tölzer Hütte«
auf den Weiterweg hin.
Die Hänge werden wieder freier, unser Weg dafür etwas steiler.
Man kommt aus den Latschen heraus und steigt auf einen Sattel
zwischen dem Grasberg- und dem Hölzelstaljoch an. Hier ist
Trittsicherheit erforderlich. Man erreicht – leicht ausgesetzt – eine
Bergschulter, von der man mit Hilfe eines Drahtseiles in erodier-
tem Gelände zum Sattel selbst hinabsteigt (2:45 Std.). Ein schönes
Wegstück leitet uns auf einem Wiesenkamm weiter nach Westen.
Der Weg wird kurz steiler, bevor man halblinks in die Südflanke
des Hölzelstaljochs quert. Wieder eben und nicht mehr ausgesetzt, wandert man weiter zum **Sattel zwischen Hölzelstaljoch
und Fleischbank**. Hier gabelt sich der Weg: Wir gehen weder
nach links (»Hinterriß«) noch nach rechts (»Tölzer Hütte«), sondern geradeaus auf den Gipfelhang der Fleischbank zu, der von
hier aus steiler aussieht, als er ist. Der Weg ist nun schmäler und
steiler, aber weiter mit roten Punkten markiert. An einer Gabelung nicht links abbiegen, sondern der Kammlinie folgen. Nach
einem letzten steilen Stück legt sich das Gelände zurück, und ein

18

Kamm führt zum **Gipfelkreuz** (3:45 Std., 2026 m). Von hier aus folgt man den Steigspuren nach Westen – zunächst ein Stück bergan, dann flach bergab. Der Weg verläuft eine Weile entlang der Kammlinie. An einer Gabelung hält man sich links, um bald wieder den Kamm zu erreichen. Schließlich wendet sich der Weg nach links und stößt sogleich auf den Hauptweg. Auf diesem wandern wir weiter nach Westen und müssen bei der ersten Kurve aufpassen: Dieser folgt man nach links (rote Punkte) – nicht den geradeaus führenden Spuren.

Von jetzt an geht es in unzähligen Serpentinen stetig bergab. Wir erreichen wieder die Waldzone. An einer Rechtskurve muss man noch einmal aufpassen, dass man nicht dem schmaleren Weg geradeaus folgt. An einer anschließenden Weggabelung hält man sich dann halblinks. Der Weg folgt zuletzt einem schönen Wiesenabsatz, um am Rand eines Zaunes hinab zu einem Bach zu führen. Diesen überquert man, wendet sich nach links und erreicht über Wiesen die am Rißbach gelegene Straße (6:15 Std.). Zurück zum Ausgangspunkt kommt man entweder mit dem Fahrrad (siehe Tipp), oder man folgt der Teerstraße nach links bis zur nächsten Brücke, überquert auf dieser den Rißbach und folgt dann dem gegenüber liegenden Forstweg bis zur Kreuzbrücke (ca. 25 Min. zusätzlich). Wer mit öffentlichen Verkehrsmitteln angereist ist, wendet sich hingegen nach rechts und wandert bis zur Gaststätte Alpenhof (ca. 600 m), wo sich eine Bushaltestelle be-

Über das Plumsjoch auf das Satteljoch

Rundwanderung mit Traumblicken auf den Großen Ahornboden: Hagelhütten – Plumsjoch – Satteljoch – Hasentalalm – Hagelhütten

19

Tourencharakter: Aussichtsreiche Alm- und Kamm-Wanderung, die bei Nebel Orientierungsvermögen erfordert. Im Sommer genug Wasser mitnehmen und nicht zu spät aufbrechen!
Beste Jahreszeit: Mitte Mai bis Anfang November.
Ausgangs-/Endpunkt: Parkplatz bei den Hagelhütten
Wanderkarte: WK 323 »Karwendel – Mittenwald«, 1:50 000, Freytag & Berndt.
Markierung: Rote Punkte, zum Teil unmarkiert.

Verkehrsanbindung: Mit dem Auto: Von München über Bad Tölz und Lenggries zum Sylvensteinspeicher. Hier rechts über Vorder- nach Hinterriß. Weiter auf der Mautstraße zum Parkplatz bei den Hagelhütten. Mit dem Zug: Von München mit der BOB direkt nach Lenggries. Von hier an Wochenenden weiter mit dem Bergsteigerbus in die Eng.
Einkehr: Plumsjochhütte, Mitte Mai bis Ende Oktober.
Unterkunft: Gasthöfe in der Eng, Hinter- und Vorderriß.
Tourist-Info: Vomp.

 mittel

 12 km

 4 3/4 Std.

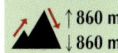 ↑ 860 m ↓ 860 m

Nicht immer garantieren gute Markierungen und Beschilderungen einen gleich bleibenden Wegverlauf, wie es zum Beispiel bei dieser Tour passiert ist: Der alte Pfad zu Beginn der Tour wurde von der Erosion vollkommen zerstört, sodass man heute mit einer neuen Wegführung vorlieb nehmen muss.

Eine schmale Holzbrücke ist am Beginn der Wanderung zu überqueren.

Der Wegverlauf

Vom Parkplatz aus marschiert man geradeaus zum Bachbett. Hier wendet man sich nach links (Schild »Hasentalalm, Plumsjochhütte«), überquert eine Brücke und folgt ein kurzes Stück der Forststraße. In der ersten Kurve biegen wir rechts von dieser ab, steigen über einen Zaun und gehen hinunter zum Bachbett. Wieder über eine schmale Brücke und dann dem neu markierten Pfad folgen bis zu einem alten Fußweg. Hier wenden wir uns nach links und gewinnen im Wald zuerst

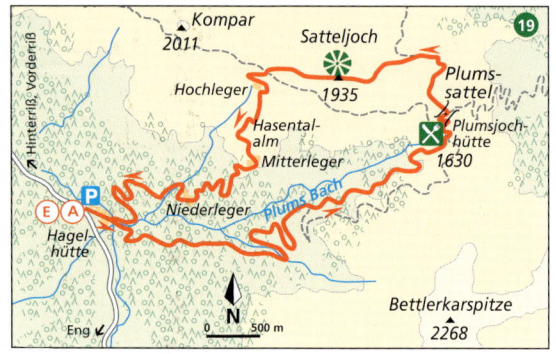

steiler, dann in angenehmer Steigung stetig an Höhe. Einmal gabelt sich der Weg, um kurz darauf wieder zusammenzukommen.

Kurze Zeit später treffen wir auf einen breiteren Fahrweg, dem man ein gutes Stück folgt. Man durchwandert bald Almgelände und kann an einer Rechtsschleife den Fahrweg wieder verlassen, indem man nach links einem Fußweg folgt (1:30 Std.). Dieser führt durch die Latschenzone direkt zur Plumsjochhütte (2 Std.). Dahinter windet sich der Weg in wenigen Schleifen zum **Plumssattel** hinauf. Hier drehen wir uns nach links (Schild »Plumsjoch, Mondscheinspitze, Satteljoch«) und folgen zunächst dem Weg in Richtung Mondscheinspitze. Nach wenigen Minuten kommen wir zu einer Abzweigung. Hier verlassen wir den breiteren Fußweg und folgen links einem unbeschilderten, aber markierten Pfad (gut auf Markierungen achten!). Er führt uns durch lichtes Latschengelände, zuletzt über einen schönen Wiesenrücken zum **Satteljoch** (2:45 Std., 1935 m). Dieser ist einer der grandiosesten Aussichtsgipfel im Karwendel. Denn vor uns liegt der Große Ahornboden mit den dahinter aufragenden gewaltigen Kalkwänden des Hauptkammes.

Vom Gipfel wenden wir uns nach Westen und folgen nun weglos und unmarkiert dem Wiesenrücken in Richtung Kompar. Bald sieht man links unterhalb auch schon einen steilen Almrücken, über den unser Abstieg ins Rißtal verläuft. Wir gehen aber erst noch geradeaus weiter, bis wir den breiten Sattel zwischen Satteljoch und Kompar erreicht haben. Hier wandern wir links bergab und folgen dem Almweg, der uns zunächst am Hochleger und dann am Mittelleger der Hasentalalmen vorbeiführt. Bald darauf tauchen wir wieder in die Waldzone ein und erreichen ohne Orientierungsschwierigkeiten die unterste **Hasentalalm**, von wo aus wir auf einem breiten Fahrweg zurück zum Ausgangspunkt wandern (4:45 Std.).

Special

19

Gestank am Großen Ahornboden

Seit Jahren wird die Verkehrssituation im Rißtal zwischen Naturschützern und Hotelbetreibern kontrovers diskutiert. Spätestens dann, wenn an einem sonnigen Oktoberwochenende mehrere tausend Autofahrer den wunderschönen Talschluss verpesten, wird man sich die Frage stellen, ob die mitten ins Herz des Naturschutzgebietes Karwendel führende Straße für den privaten Kfz-Verkehr wirklich notwendig ist. Denn paradoxerweise bedrohen die Autofahrer damit gerade das Naturwunder, wegen dem sie hergekommen sind: die bis zu 500 Jahre alten Ahornbäume.

Die Alternative wäre eine Sperrung der Mautstraße ab Vorder- oder Hinterriß und die Einrichtung eines von dort aus häufig verkehrenden Shuttle-Busses. Das Hauptproblem hierbei: die Schaffung von Stellplätzen für diejenigen, die nicht gleich von München aus mit dem Zug, sondern so weit wie möglich mit dem eigenen PKW anreisen wollen.

Nachdem es um das Thema jahrelang recht still geworden war, stießen der Deutsche Alpenverein und der Regionalverkehr Oberbayern (RVO) mit der Einrichtung des Bergsteigerbusses in die Eng (→**Einführung**) im Jahr 2001 die Diskussion wieder an. Und die Wanderer zeigten eine erfreulich hohe Akzeptanz dieser umweltfreundlichen Art der Anreise. Wie schwer sich hingegen die Tiroler Hoteliers im Rißtal mit dem Thema tun, erwies sich im gleichen Jahr bei einer Demonstration der Alpenschutzorganisation **Mountain Wilderness Deutschland** für eine autofreie Eng: Der Betreiber des Alpengasthofs Eng war über diese Einmischung der »Piefkes« so aufgebracht, dass er mir – dem Organisator der Demo und Vorsitzenden des Vereins – sogleich eine »saftige Tiroler Watsch'n« androhte, würden die Transparente nicht sofort entfernt werden. Dieser Bitte konnten wir verständlicherweise nicht nachkommen.

Aber ganz entgegen der Befürchtung des Hoteliers, dass Urlauber durch diese Aktion abgeschreckt würden, äußerten selbst eingefleischte Autofahrer Verständnis für das Anliegen der Umweltaktivisten. Diese teilt wohl auch Altbischof Reinhold Stecher in seinem Buch »Der Berg-Ahorn im Karwendel«: »Es ist gut, bei diesem Baum, der sich oft an die Grenze des Unwirtlichen vorwagt, sinnend stehen zu bleiben. Vielleicht gelingt es gerade ihm, uns autobesessene, seilbahnverwöhnte oder mountainbikestrampelnde Zivilisationsmenschen daran zu erinnern, dass der Baum etwas Heiliges ist. […] Ein Berg-Ahorn mitten in der herben Landschaft hat so viel Faszinierendes: tief in den steinigen Boden reichende Wurzeln, den Stamm, der so vielen Unbilden und Stürmen trotzt, die Entfaltung der Krone, der Tod in Schönheit im Herbst und das unverdrossene Ausschlagen im Frühjahr.«

20 Vom Sylvensteinspeicher zum Demeljoch

Herrliche Kammwanderung mit anschließenden Badefreuden: Straße Sylvensteinspeicher–Achensee – Schürpfeneck – Dürrnbergjoch – Demeljoch

mittel

15 km

4 ¾ Std.

↑ **1300 m**
↓ **1300 m**

Tourencharakter: Wunderschöne, aber lange Kammwanderung. Aufgrund des nordseitigen und anfangs schattigen Aufstieges auch im Hochsommer möglich. Genügend zu trinken mitnehmen.
Beste Jahreszeit: Ende Mai bis Ende Oktober.
Ausgangs-/Endpunkt: Parkstreifen an rot-weißer Schranke, 3,7 km westlich des Sylvensteinspeicher-Staudammes.
Wanderkarte: WK 323 »Karwendel –

Mittenwald«, 1:50 000, Freytag & Berndt.
Markierung: Rote Punkte.
Verkehrsanbindung: Mit dem Auto von München über Bad Tölz und Lenggries zum Sylvensteinspeicher-Staudamm. Hier Richtung Achensee abbiegen und nach 3,7 km an der rechten Straßenseite parken.
Einkehr: Unterwegs keine.
Unterkunft: Jäger von Fall.
Tourist-Info: Lenggries.

Die Walchenklamm

Die schönsten Unternehmungen sind normalerweise Rundwanderungen und Durchquerungen, da hierbei das Auge mit immer neuen Eindrücken beschenkt wird. Die Kammwanderung zum Demeljoch aber ist so aussichtsreich, dass sie auch für den Abstieg zu empfehlen ist, zumal die Abstiegsalternativen über Dürrach oder Pitzbach auf breiten und somit wenig attraktiven Forststraßen erfolgen.

Der Wegverlauf

Hinter der Schranke (Wegweiser »Hühnerberg – Dürrnberg – Demeljoch«) leitet uns ein breiter Fußweg hinunter zu einer Brücke, die uns in die Walchenklamm führt. Dahinter geht es kurz bergauf, bevor wir auf eine breite Forststraße stoßen. Dieser folgen wir nach rechts, bis nach etwa 100 Metern ein Schild »Dürrnberg – Demeljoch« auf einen nach links abzweigenden Fußweg aufmerksam macht. Diesem folgen wir nach links und steigen zunächst flach, dann etwas steiler in Bergmischwald bergan. In abwechselnder Steigung gewinnen wir an Höhe, bevor der Weg nach einer Lichtung nahezu eben nach Westen hinüberquert.

Wir kommen bald aus dem Wald heraus und treten auf die Wiese der mittlerweile verfallenen **Kirchmair-Nieder-Alm** (1 Std.), wo sich die ersten schönen Ausblicke eröffnen. Hinter der Wiese geht es in lichtem Waldgelände weiter in Richtung Süden. Wir erreichen die Latschenzone und wandern über eine wenig ausgeprägte Schulter.

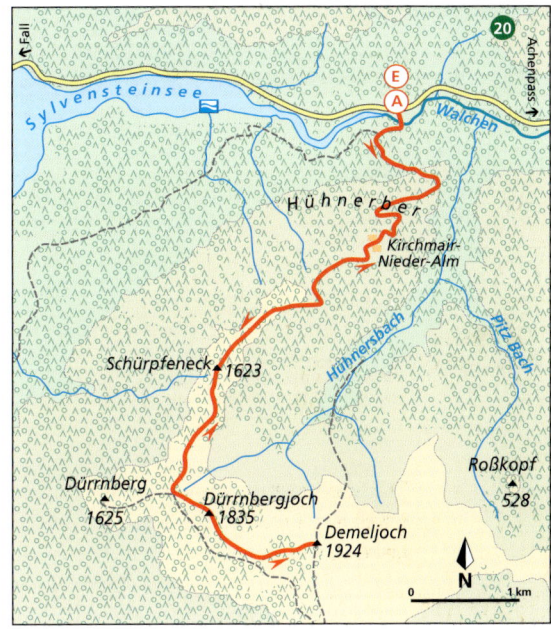

Hier wird der Blick auf das vor uns liegende Demeljoch frei. Von nun an folgt der Weg dem Kammverlauf. Bald ist der Vermessungspunkt am Schürpfeneck erreicht (1:40 Std.). Es geht kurz leicht bergab, dann flach und schließlich steiler auf den mit Latschen bewachsenen Kamm zu, der auf das dem Demeljoch westlich vorgelagerte **Dürrnbergjoch** hinaufzieht. Der Weg quert ein Stück nach Westen, kommt um eine Ecke (den Abzweiger nach rechts zum Dürrnberg ignorieren) und folgt wieder dem Kammverlauf, um den höchsten Punkt zu erreichen, von wo aus man unser Ziel schon direkt vor Augen hat. In freierem Gelände geht es noch ein gutes Stück zu einem flachen Sattel bergab. Hier verweist ein Wegweiser auf den von Fall her kommenden Aufstieg. Wir gehen natürlich nichts rechts hinab, sondern geradeaus weiter und ersteigen in angenehmer Neigung die Südflanke des Demeljochs. Zuletzt über ein paar Serpentinen und einen kurzen Rücken erreichen wir das 1924 Meter hohe **Gipfelkreuz** (2:50 Std.), das die Grenze zwischen Bayern und Tirol darstellt. Der Abstieg erfolgt auf dem gleichen Weg (4:45 Std.).

21 Von Pertisau nach Achenkirch

Beliebte Familienwanderung am Westufer des Achensees: Pertisau – Gaisalm – Achenkirch

○ leicht

🥾 10 km

🕐 2 ¼ Std.

⛰ ↑ 200 m ↓ 200 m

☺ ja

Tourencharakter: Schöne Uferwanderung auf gut angelegten, aber zum Teil etwas ausgesetzten Wegen. Kürzere Varianten durch die Bootsanlegestelle Gaisalm möglich.
Beste Jahreszeit: Mitte Mai bis Ende Oktober.
Ausgangspunkt: Bootsanlegestelle Pertisau.
Endpunkt: Bootsanlegestelle Scholastika.
Wanderkarte: WK 323 »Karwendel – Mittenwald«, 1:50 000, Freytag & Berndt.
Markierung: Beschilderung.
Verkehrsanbindung: Auf der A 8 bis

Ausfahrt Holzkirchen und weiter über Gmund, Tegernsee und die B 307 Richtung Achensee. An der Ausfahrt »Achenkirch Süd« rechts abzweigen und der Hauptstraße bis vor eine Telefonzelle folgen. Hier links bis zur Anlegestelle »Scholastika«. Mit dem Schiff nach Pertisau. Betrieb vom 11.5. bis 27.10. In der Hochsaison ab Anlegestelle Scholastika von 9:55 Uhr an stündlich, in der Nebensaison alle zwei Stunden ab 10:55 Uhr.
Einkehr: Gaisalm, täglich von Mai bis Oktober.
Unterkunft: Pensionen in Achenkirch.
Tourist-Info: Achenkirch.

Blick zurück auf das Süd-ende des Achensees

Wenn die hohen Karwendelgipfel im Nebel stecken, dann drängt sich der Achensee als Alternativziel geradezu auf. Andererseits besitzt diese Tour gerade an warmen Sommertagen ihren besonderen Reiz, denn es liegen wunderschöne Badeplätze am Wegesrand. Wer das Schiff in Achenkirch gerade verpasst haben

sollte, kann die Wanderung natürlich auch am Nordende beginnen
und von Pertisau mit dem Schiff
zurückfahren.

Der Wegverlauf

Wir fahren zunächst von der **Bootsanlegestelle Scholastika** in Achenkirch mit dem Ausflugsschiff nach
Pertisau. An der dortigen Anlegestelle angekommen, wendet man
sich nach rechts und folgt dem Ufer
nach Norden. Bald muss man den
See kurz verlassen und geht entlang
eines Zaunes am Strandbad vorbei.
Man umgeht eine Schranke, und
der eigentliche Wanderweg beginnt. Das erste Wegstück besteht
aus einer breit angelegten Uferpromenade, die nach einer knappen
halben Stunde endet. Nun steigt ein
schmalerer Fußweg kurz etwas an,
bis wir vor einem Informations-
schild stehen. Es weist auf den lohnenden **Abstecher zu einem Schaubergwerk** hin. Direkt oberhalb des
Achensees wurde ursprünglich das
Tiroler Steinöl abgebaut. (Führungen finden in der Hauptsaison –
Ende Juni bis Anfang Oktober – von
Dienstag bis Sonntag stündlich ab
10:30 Uhr bis 14:30 Uhr statt, in der
Nebensaison von Donnerstag bis
Sonntag.) Der Hauptweg quert weiter entlang des breiten Schuttkegels
einer großen Erosionsrinne nach
Norden. Große Teile sind aber zur
Ruhe gekommen und mit Latschen
und Erikagebüsch bewachsen. Es

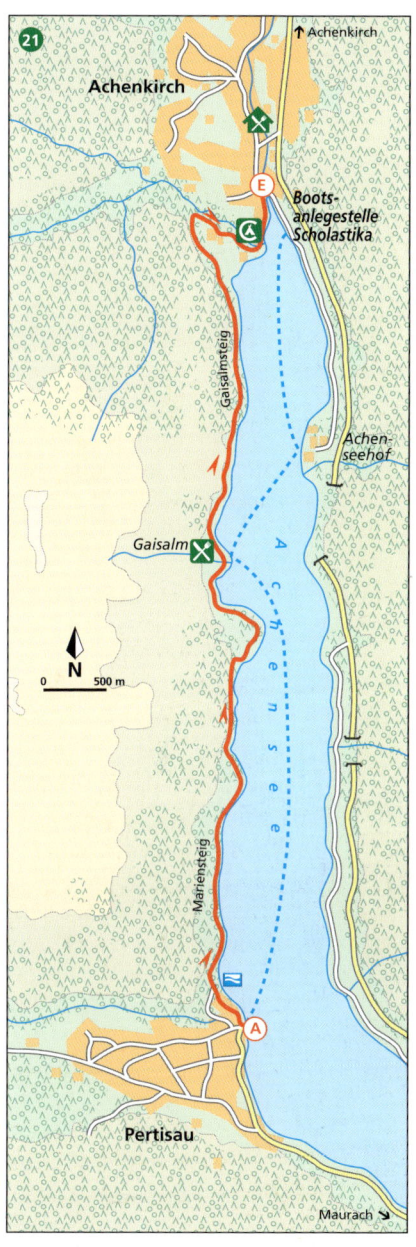

21

Den Beginn der Tour erreicht man bequem mit dem Linienschiff.

öffnen sich sehr schöne Blicke zurück auf das Südende des Achensees und die dahinter liegenden Berge. Dann quert der Weg den aktiven, mit Schotter bedeckten Teil des Kegels. Am Ende weist ein Schild »Begehen auf eigene Gefahr« darauf hin, dass wir nun das relativ flache Gelände verlassen. Hoch über dem See verläuft der in die Felswände hineingesprengte Weg. Er ist aber dennoch relativ breit, und ausgesetztere Passagen sind mit Drahtseilen gesichert. Man unterquert – dank eines extra gebauten Daches sogar ohne nass zu werden – einen Wasserfall. Die Blicke werden immer beeindruckender. Der Weg führt wieder zum See hinab, und wir betreten den nächsten breiten Schuttkegel, auf dem es in lichtem Wald und leichtem Auf und Ab weiter geht. Bald darauf erreichen wir die wunderschön gelegene **Gaisalm** (1:10 Std.), die sich zum Einkehren geradezu anbietet.

Hinter der Alm beginnt der Gaisalmsteig, der zunächst über viele steile Stufen vom See weg nach oben führt, um kurze Zeit darauf wieder abzufallen. Es geht ein längeres Stück nun immer wieder auf und ab, bis sich unser Weg wieder auf einem einheitlichen Niveau einpendelt. Der Gaisalmsteig endet vor einer großen Wiese, die man leider nicht direkt überqueren kann. Man muss entlang eines Zaunes ein gutes Stück vom See weg wandern, bis man am Ende auf einen weiteren Fahrweg stößt. Hier wendet man sich nach rechts, kommt an ein paar Häusern vorbei und überquert eine Brücke. Kurz darauf wendet man sich nach rechts und erreicht gleich wieder den See, wo sich eine öffentliche Liegewiese befindet. Um zur **Bootsanlegestelle** zu gelangen, folgt man einfach der Uferpromenade in Richtung Osten (2:15 Std.).

Von der Seekarspitze zur Seebergspitze

22

Aussichtsreiche Rundwanderung hoch über dem Achensee: Achenkirch – Seekaralm – Seekarspitze – Seebergspitze – Pasillalm – Achenkirch

Tourencharakter: Lange Rundwanderung mit einer aussichtsreichen Kammüberschreitung als besonderem Schmankerl. Trittsicherheit ist erforderlich.
Beste Jahreszeit: Anfang Juni bis Ende Oktober.
Ausgangs-/Endpunkt: Kleiner Wanderparkplatz südlich von Achenkirch.
Wanderkarte: WK 323 »Karwendel – Mittenwald«, 1:50 000, Freytag & Berndt.
Markierung: Rote Punkte.
Verkehrsanbindung: Auf der A 8 bis

Ausfahrt Holzkirchen und weiter über Gmund, Tegernsee und die B 307 in Richtung Achensee. An der Ausfahrt »Achenkirch Süd« rechts ab und der Hauptstraße bis vor eine Telefonzelle folgen. Hier nach rechts und auf der schmalen Teerstraße (bei Gabelung auf Wiese links halten) bis zum Parkplatz am Waldrand.
Einkehr: Seekaralm, Mitte Juni bis Mitte Oktober bewirtschaftet.
Unterkunft: Pensionen in Achenkirch.
Tourist-Info: Achenkirch.

 mittel

 13 km

 6 ½ Std.

 ↑ 1300 m ↓ 1300 m

Spektakulärer kann ein Gebirge wohl nicht enden: An seiner Ostgrenze taucht das Karwendel als gewaltiger Steilhang in den fjordartigen Achensee ein. Dementsprechend einzigartig sind die Ausblicke, die sich uns bei dieser besonderen Kammwanderung eröffnen.

Am Übergang von der Seekar- zur Seebergspitze ist Schwindelfreiheit gefragt.

22 Der Wegverlauf

Am Parkplatz geht man nicht den über eine Brücke weisenden Schildern zur Seekarspitze nach (dieser Anstieg verläuft lange Zeit auf einer breiten Forststraße), sondern wendet sich nach rechts und folgt dem Fahrweg, der rechts des Holzschildes »Ausfahrt freihalten« beginnt. Dieser führt am Waldrand, an Häusern und an einer Wiese vorbei zu einer Gabelung. Hier weist uns das Schild »Seekaralm« nach links. Kurz darauf verlassen wir den Fahrweg, indem wir wieder nach links gehen (ebenfalls beschildert) und überqueren auf einer Holzbrücke den nahen Bach. Von nun an geht es auf einem schönen Fußweg in angenehmer Steigung und in etwa derselben Richtung durch den Bergwald stetig bergan. Schließlich erreichen wir die freien Flächen der **Seekaralm** (1500 m), kreuzen den Fahrweg und steigen durch die Almwiesen hinauf zur Almhütte (1:30 Std.). An der Alm folgen wir den Schildern zur Seekarspitze, wobei es nun steiler bergauf geht. Der Weg wird schlechter und führt in vielen Serpentinen durch die felsige Latschenzone auf den Nordrücken, über den wir – zum Teil leicht ausgesetzt – bald darauf den **Gipfel der Seekarspitze** erreichen (2:30 Std., 2053 m). Wir werden mit einer überwältigenden Aussicht auf den tief unter uns liegenden Achensee sowie auf das Inntal und den dahinter befindlichen Alpenhauptkamm belohnt.

Vom Gipfel aus geht es nun den Wiesenkamm entlang nach Süden. Der Weg verliert langsam an Höhe, um – abermals in der Latschenzone – den zwischen Seekarspitze und Seebergspitze gelegenen Sattel zu erreichen. (Bei Gewitter kann man von hier aus direkt nach Osten zur Pasillalm absteigen.) Vom Sattel geht es wieder in etwas steilerem und felsigerem Gelände direkt hinauf zur **Seebergspitze**, die es bezüglich des Panoramas mit ihrer nördlichen Schwester garantiert aufnehmen kann (3:45 Std.). Vom Gipfel wenden wir uns nach Westen. Der Weg folgt nun dem nach Norden steil abfallenden Westkamm, der zuletzt als breiter Rücken zum **Pasillsattel** hinabführt. Am Sattel halten wir und nach rechts und steigen durch lichten Lärchenwald zur schön gelegenen **Pasillalm** hinab. Hinter der Alm geht es in Wiesengelände noch einmal leicht bergauf, bevor unser Weg wieder in den Waldbereich eintritt und in einer langen, flachen Querung auf die Nordseite der Seekarspitze führt. Hier sehen wir auch schon die Seekaralm, auf der man sich eine Erfrischung verdient hat. Von der Alm kehren wir auf bekanntem Weg zum Ausgangspunkt zurück (6:30 Std.).

Von der Seebergspitze aus hat man eine überwältigende Sicht auf den Achensee und das Inntal.

23 Von der Pleisenhütte zum Karwendelhaus

Einsame Überschreitung des gewaltigen Karwendelhauptkamms: Scharnitz – Pleisenhütte – Marxenkar – Karwendelhaus

 anspr.

 20 km

10 Std.

 ↑ 2000 m ↓ 900 m

Tourencharakter: Zum Teil weglos, aber gut markiert. Trittsicherheit, Orientierungsvermögen und Kondition nötig. Zumeist schattenlos, daher genügend Trinkwasser mitnehmen. Am besten mit Wanderung 24 zu kombinieren.
Beste Jahreszeit: Ende Juni bis Mitte Oktober.
Ausgangspunkt: Bahnhof Scharnitz.
Endpunkt: Karwendelhaus.
Wanderkarte: WK 323 »Karwendel – Mittenwald«, 1:50 000, Freytag & Berndt.
Markierung: Zuerst 221/ 224, dann rote Punkte.

Verkehrsanbindung: Mit dem Auto: Über die A 95 nach Garmisch. Von hier weiter auf der B 2 an Mittenwald vorbei nach Scharnitz. Mit dem Zug: Von München über Garmisch und Mittenwald direkt nach Scharnitz.
Einkehr: Pleisenhütte, Karwendelhaus.
Unterkunft: Pleisenhütte (privat), 1757 m, Anfang Juni bis Mitte Oktober sowie an Wochenenden ganzjährig, Tel. 0043/664/9 15 87 92; Karwendelhaus (DAV), 1771 m, Anfang Juni bis Mitte Oktober, Tel. 0043/52 13 56 23.
Tourist-Info: Scharnitz.

Diese lange Wanderung teilt man sich am besten auf zwei Tage auf. So kann man am ersten Tag gemütlich zur Pleisenhütte aufsteigen. Gut ausgeruht nimmt man dann die einmalige Überschreitung des Karwendelhauptkamms in Angriff.

Der Wegverlauf

Oberhalb der Pleisenhütte wird die Latschenzone durchquert.

1. Tag: Vom **Scharnitzer Bahnhof** geht man auf der Hauptstraße nach Süden, überquert die Isar und wendet sich gleich nach links. Man unterquert die Bahnlinie und folgt nun einem den Fluss begleitenden Weg. Dieser mündet in eine Teerstraße, der man bis kurz vor dem Schönwieshof folgt. Hier weist ein Holzschild nach links zur Pleisenhütte. Nun geht es ein gutes Stück auf einem breiten Forstweg weiter, bis dieser direkt nach der ersten Brücke verlassen wird. Man wendet sich nach rechts und steigt durch Mischwald bergan. Bald trifft man erneut auf die breite Forststraße und verlässt sie wieder, indem man sich an einer Gabelung links hält. Zuletzt gelangt man auf einer aussichtsreichen Querung zur schön gelegenen **Pleisenhütte** (1757 m, 3 Std.).

2. Tag: Von der Hütte aus leitet der Wegweiser zur Pleisenspitze nach Norden. Nach etwa 20 Minuten muss man aufpassen: An einer Abzweigung geht es weiter nach rechts. Der nun schmalere Weg führt unterhalb einer kleinen Felswand nach Osten. Durch Latschen geht es hindurch, immer den Markierungen folgend, ins **Mitterkar**, das man in etwa derselben Höhe quert. Man wandert unter den senkrechten Wänden des Rückens, der zur Larchetkarspitze führt, vorbei und steigt bei einem Steinmann rechts auf einem breiten Rücken nach unten. Weiter nach links und durch eine Geröllrinne steiler bergab. Ab hier wandern wir zum Teil weglos, aber stets gut markiert durch das weite **Hinterkar** in Richtung Breitgrieskarspitze wieder bergan. In der Westflanke derselben wird der Weg steiler bis hinauf zu einem Schotterband und auf diesem dann wieder flach hinüber zum Südgrat der Breitgrieskarspitze. Hier steigt man ein Stück nach rechts und gleich wieder nach links einen Schrofenrücken hinunter. Schließlich quert der Weg hinüber zur **Breitgrieskarscharte** (7 Std., 2388 m, Biwakschachtel). Östlich davon geht es steiler empor auf den Sattel westlich der Kleinen Seekarspitze. Von hier wandert man nach Nordosten über das obere Seekar ins **Marxenkar** ab. Dieses wird flach gequert, bevor ein letzter Anstieg über steile Schrofen (Drahtseil) zum Rücken zwischen Marxen- und Schlauchkar hinaufführt. Auf der anderen Seite folgt man dem ebenfalls steilen Brendelsteig (Drahtseile) hinunter ins Schlauchkar und stößt hier bald auf einen ausgeprägten Weg, dem man nach links zum **Karwendelhaus** folgt (1771 m, 10 Std.).

24 Über den Gjaidsteig zur Hochlandhütte

Unter den riesigen Wandfluchten der Nördlichen Karwendelkette:
Karwendelhaus – Bäralplsattel – Wörnersattel – Hochlandhütte – Mittenwald

 mittel

 19 km

 6 1/2 Std.

 ↑ 500 m ↓ 850 m

Tourencharakter: Landschaftlich abwechslungsreiche Wanderung, die beim Abstieg Trittsicherheit erfordert. Nicht zu früh im Jahr unternehmen, da sonst Schneefelder gequert werden müssen. Am schönsten in Kombination mit Wanderung 23.
Beste Jahreszeit: Mitte Juli bis Ende Oktober.
Ausgangspunkt: Karwendelhaus.
Endpunkt: Mittenwald.
Wanderkarte: WK 323 »Karwendel – Mittenwald«, 1:50 000, Freytag & Berndt.

Markierung: Rote Punkte.
Verkehrsanbindung: Mit dem Auto: Wenn in Kombination mit Wanderung 23, dann mit dem Zug nach Scharnitz. Von hier zurück über die B 2 nach Garmisch und weiter auf der A 95 Richtung München. Mit dem Zug: Von Mittenwald über Garmisch direkt nach München.
Einkehr: Hochlandhütte (DAV), 1623 m, Ende Mai bis Mitte Oktober, Tel. 0174/9 89 78 63.
Unterkunft: Hochlandhütte bzw. Mittenwald.
Tourist-Info: Mittenwald.

Diese Wanderung vom Karwendelhaus zurück nach Mittenwald drängt sich als Verlängerung der Tour 23 geradezu auf. Zusammengenommen stellt die ganze Unternehmung eine wunderschöne Zweieinhalbtagestour dar.

Der Wegverlauf

Vom Karwendelhaus folgt man den Serpentinen hinunter zu den Almgebäuden der **Hochalm**. In einer Linkskurve der Fahrstraße zweigt nach rechts der Beginn des Gjaidsteigs ab. Dieser führt in einer langen, aber angenehm zu gehenden Querung immer in westlicher Richtung zum **Bäralplsattel** hinauf (1:15 Std., 1820 m). Hier sollte man eine Pause einlegen und den Blick zurück auf die

24

Kare und Gipfel des Karwendelhauptkamms genießen. Vom Sattel geht es zunächst gemächlich nach Nordwesten durch die Karmulde der Bäralp hinab, bevor auf einem kurzen Stück absolute Trittsicherheit gefragt ist. Als zum Teil kühn in den Fels gesprengtes Band (teilweise Drahtseile) leitet der Steig nun hinunter auf die Nordseite der nördlichen Karwendelkette. Man quert entlang riesiger Schuttreißen immer nach Westen, welche die Wandfüße zwischen Raffelspitze und Hochkarspitze bedecken. Ein kurzer Gegenanstieg führt zunächst auf die **Kammleitenwände** hinauf, die eine Art Ausläufer der Hochkarspitze darstellen. Dahinter geht es auf der anderen Seite wieder ins schattige Wörnerkar hinab. Hier wird es ein letztes Mal anstrengend, da aus dem Kar

heraus ein letzter Anstieg zum **Wörnersattel** zu bewältigen ist (4 Std.). Auch dieser wunderschöne Platz bietet sich für eine Rast an, öffnen sich doch fantastische Ausblicke auf das Werdenfelser Land und das Wettersteingebirge. Weiter folgt man den Wegweisern zur Hochlandhütte nach Westen hinab, wobei der Weg zunächst schlecht, da ziemlich erodiert ist. Wo es flacher wird, wendet sich der Weg nach Süden und quert angenehm hinüber zur **Hochlandhütte** (4:45 Std., 1632 m). Unterhalb der Hütte steigt man gerade in westliche Richtung zur Oberen Kälberalm ab. Im folgenden Tälchen muss man den Bach links überqueren (Wegweiser Mittenwald), um zur Unteren Kälberalm zu gelangen. Hier hält man sich wieder links und wandert zum Schluss auf dem breitem Forstweg der Dammkarstraße hinunter nach Mittenwald. Man unterquert die Bundesstraße, geht danach rechts und wieder links und überquert die Isar. Von hier folgt man der breitesten Straße zum nahe gelegenen **Bahnhof** (6:30 Std.).

An der wunderschön gelegenen Hochland Hütte lohnt es sich, einzukehren.

25 Auf die Birkkarspitze

Beeindruckende Zweitagestour auf den höchsten Gipfel des Karwendels:
Scharnitz – Karwendelhaus – Schlauchkar – Birkkarspitze

 anspr.

 9 km

 14 Std.

 ↑1800 m ↓1800 m

Tourencharakter: Große Gipfelbesteigung mit langem Anmarsch. Absolute Trittsicherheit erforderlich.
Beste Jahreszeit: Ende Juni bis Mitte Oktober.
Ausgangs-/Endpunkt: Scharnitz.
Wanderkarte: WK 323 »Karwendel – Mittenwald«, 1:50 000, Freytag & Berndt.
Markierung: Rote Punkte.

Verkehrsanbindung: Mit dem Auto: Über die A 95 nach Garmisch. Von hier weiter auf der B 2 an Mittenwald vorbei nach Scharnitz. Mit dem Zug: Von München über Garmisch und Mittenwald direkt nach Scharnitz.
Einkehr: Karwendelhaus.
Unterkunft: Karwendelhaus (DAV), 1765 m, Tel. 0043/5213/56 23, Anfang Juni bis Mitte Oktober.
Tourist-Info: Scharnitz.

Diese Tour ist nicht zu unterschätzen: Im oberen Teil des Schlauchkars hält sich oft den ganzen Sommer hindurch ein Schneefeld, das nach kalten Nächten unangenehm hart sein kann. Dann können steigeisenfeste Bergschuhe und unter Umständen sogar ein Pickel erforderlich sein. Am besten, man erkundigt sich vorher telefonisch beim Hüttenwirt über die Verhältnisse.

Der Wegverlauf

Der Weg über den Brendelsteig ist eine interessante Anstiegsalternative.

1.Tag: Vom **Bahnhof Scharnitz** über die Hauptstraße und dann entlang der Isar zum Beginn des Hinterautals. Hier nach links dem Schild »Karwendelhaus« folgen. Zunächst im Wald bergan, dann ziemlich flach immer dem breiten Fahrweg durchs Karwendeltal folgen. Nach etwa fünf Kilometern kann man einen lohnenden Abstecher zum Wasserfall am Karwendelsteg unternehmen. Wir wandern an der **Larchetalm** vorbei und immer dem Karwendeltal nach. Schließlich wieder steiler – die Serpentinen des Fahrweges können abgekürzt werden – zur Hochalm und von dort zum nahe gelegenen **Karwendelhaus** (1765 m, 4:30 Std.).

2.Tag: Kurz vor dem Karwendelhaus zweigt ein Fußweg in den oberhalb befindlichen Hang ab. Er führt uns steil durch die Lawinenverbauungen oberhalb des Hauses

hindurch, bis er einen Absatz erreicht. Von hier geht es nun flacher in das gewaltige **Schlauchkar** hinein. An dem Rechtsabzweiger zum Brendelsteig gehen wir geradeaus weiter. Bald wird es steiler und wir gewinnen in der von unten gesehen linken Seite des Schlauchkars schnell an Höhe. Schließlich wird der Weg wieder etwas flacher und erreicht über eine etwas ausgesetzte Querung

den zwischen der **Ödkar- und der Birkkarspitze gelegenen Sattel.** Hier wenden wir uns nach links und kommen bald an einer Biwakhütte vorbei. Wir erreichen die Westflanke der Birkkarspitze, über die unser Weg in vielen Serpentinen zum **höchsten Punkt des Karwendels** führt (7:30 Std., 2749 m).

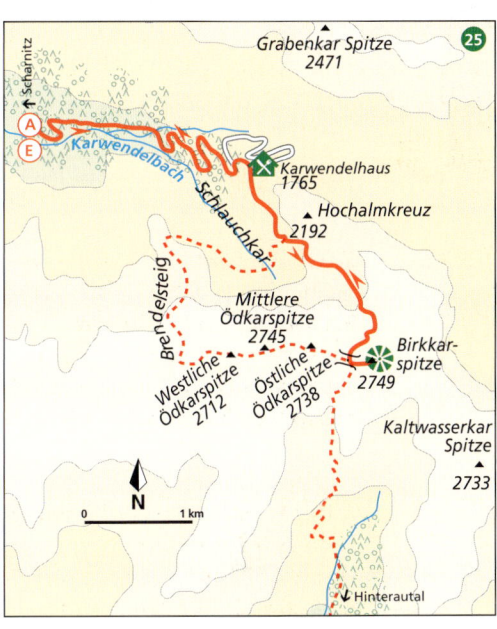

Der Abstieg erfolgt auf gleichem Weg (14 Std.) oder auf folgender **Abstiegsalternative:** Vom Sattel wendet man sich nach Süden und folgt einem steilen Schrofenrücken (Drahtseile) hinab ins Westliche Birkkar. Weiterhin steil geht es dessen Südhänge bergab, bis unser Weg den Birkkarbach kreuzt. Von hier flacher direkt ins Hinterautal bis zu einem breiten Fahrweg. Diesem folgt man nach Westen bis nach Scharnitz. **Anstiegsalternative** über die Ödkarspitzen (ca. 2 Std. länger, anspruchsvoller): Im Schlauchkar folgt man der erwähnten Abzweigung zum **Brendelsteig** nach rechts. Erst flacher, dann steil (Drahtseile) zu dem von der Westlichen Ödkarspitze nach Norden herabziehenden Gebirgsgrat. Zuerst über dessen Rücken, dann im obersten Marxenkar steigen wir bis zur Westflanke der **Westlichen Ödkarspitze.** Es folgt die Überschreitung zur **Mittleren** und **Östlichen Ödkarspitze**, bis man zuletzt steil und ausgesetzt den Sattel zwischen Ödkar- und Birkkarspitze erreicht.

26 Von der Eng auf den Mahnkopf

Leicht zu erreichende Aussichtskanzel mit Blick auf die Laliderer Wände: Eng – Hohljoch – Falkenhütte – Mahnkopf – Laliderer Tal

 mittel

 18 km

 6 ½ Std.

 ↑ 950 m ↓ 950 m

☺ ja

Tourencharakter: Unschwierige Rundwanderung vor beeindruckender Bergkulisse. Während am Beginn der Tour an den Eng-Almen ziemlicher Rummel herrscht, wird man am Mahnkopf und dem Laliderer Tal wunderschöne, einsame Plätze finden.
Beste Jahreszeit: Mitte Juni bis Mitte Oktober.
Ausgangspunkt: Parkplatz in der Eng.
Endpunkt: Bushaltestelle am Beginn des Laliderer Tals.
Wanderkarte: WK 323 »Karwendel – Mittenwald«, 1:50 000, Freytag & Berndt.

Markierung: Zuerst 201, dann rote Punkte.
Verkehrsanbindung: Mit dem Auto: Auf der A 8 bis Holzkirchen und weiter auf der B 13 über Bad Tölz zum Sylvensteinspeicher und weiter ins Rißtal. Auf der Mautstraße bis zum Talschluss in der Eng. Mit dem Zug: Von München mit der BOB nach Lenggries und von dort an Hochsaison-Wochenenden mit dem Bergsteigerbus in die Eng.
Einkehr: Falkenhütte.
Unterkunft: Falkenhütte (DAV), 1848 m, Tel. 05245/245, Anfang Juni bis Mitte Oktober.
Tourist-Info: Vomp.

Die Herzogkante zieht sich eindrucksvoll in den Himmel.

Diese Tour führt uns von den Almböden der Eng über im Herbst golden leuchtenden Bergmischwald zu den gewaltigen und steilen Felsabstürzen der Laliderer Wände. Der Sage nach ist ein in die Wände gebannter, wütender Berggeist namens Schmuck dafür verantwortlich, dass sich am Fuß der Wände ein wahres Trümmerfeld haushoher Felsbrocken angesammelt hat. Mit Kindern sollte man diese Tour auf zwei Tage aufteilen.

Der Wegverlauf

Vom Parkplatz folgt man einem breiten Weg in Richtung **Engalmen**. Hinter diesen geht es rechts über Almwiesen bergauf. Dann durchquert der Weg einen schönen Bergmischwald und wird langsam steiler. Auf dem guten Fußweg erreicht man schließlich das **Hohljoch** (1794 m). Auf dessen Westseite folgt man ein kurzes Stück einem Fahrweg, den man sogleich aber wieder nach links verlässt. In etwa der gleichen Höhe quert der folgende Fußweg unter den beeindruckenden Laliderer Wänden hindurch nach Westen. Am gegenüberliegenden Spielissjoch stößt man schließlich auf einen weiteren Fahrweg und folgt die-

sem nach rechts hinauf zur **Falkenhütte** (2:15 Std., 1848 m). Dort wendet man sich nach Norden und kann nun das vor einem liegende Ladizköpfl entweder auf dessen West- oder Ostseite umgehen. Man gelangt zu dem breiten Wiesensattel des **Ladizjochs**, hinter dem der Gipfelanstieg ansetzt. Der Weg ist zuerst recht steil und nicht besonders gut, führt zum Schluss aber wieder über einen flacheren, breiten Wiesenrücken auf den 2094 Meter hohen **Mahnkopf** (3:15 Std.).

Abstieg: Vom Gipfel des Mahnkopfes kehrt man auf bekanntem Weg zur Falkenhütte zurück. Von hier steigt man auf dem Weg Nr. 232 in einigen Serpentinen nach Osten zur Alm **Laliders Niederleger** ab. Ab da folgt man dem langen Fahrweg durchs Lalidérer Tal nach Norden. Er führt uns direkt zu der am Rißbach gelegenen **Bushaltestelle** (6:30 Std.; Bus nur an Wochenenden Anfang Juni bis Mitte Oktober, sonst per Anhalter).

27 Aus dem Roßloch auf die Laliderer Spitze

Einsame Bergtour in wilder Hochgebirgslandschaft: Scharnitz – Hinterautal – Roßloch – Laliderer Biwakschachtel – Laliderer Spitze

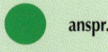 anspr.

 32 km

9 Std.

↑ 1650 m
↓ 1650 m

Tourencharakter: Anspruchsvolle und einsame Bergtour mit zum Teil weglosem Anstieg. Bei Nebel eventuell Orientierungsprobleme. Für den langen Anstieg (und eventuelle Übernachtung in der Biwakschachtel) auf genügend Verpflegung und Trinkvorrat achten. Wasser kann man im Roßloch nachfüllen. Bis hier am besten mit dem Fahrrad.
Beste Jahreszeit: Ende Juni bis Mitte Oktober.
Ausgangs-/Endpunkt: Scharnitz.
Wanderkarte: WK 323 »Karwendel – Mittenwald«, 1:50 000, Freytag & Berndt.

Markierung: Bis Kastenalm 224, dann rote Punkte, Steinmänner und Stangen.
Verkehrsanbindung: Mit dem Auto: Über die A 95 nach Garmisch. Von hier weiter auf der B 2 an Mittenwald vorbei nach Scharnitz. Mit dem Zug: Von München über Garmisch und Mittenwald nach Scharnitz.
Einkehr: Kastenalm, Mitte Juni bis Mitte September.
Unterkunft: Offene Biwakschachtel unterhalb der Laliderer Spitze.
Tourist-Info: Scharnitz.

Einer riesigen Felsbarriere gleich ragen die Laliderer Wände in den Himmel. Während die fast senkrechten Nordwände anspruchsvollste Klettertouren für sehr gute Bergsteiger bereit stellen, lässt sich die Laliderer Spitze von Süden aus ohne technische Schwierigkeiten besteigen. Aufgrund der Länge ist eine Übernachtung auf der Biwakschachtel zu empfehlen. Die angegebenen Zeiten sind nur mit Fahrradbenutzung im langen Hinterautal einzuhalten.

Der Wegverlauf

Vom Scharnitzer Bahnhof folgt man der Hauptstraße nach Süden, überquert die Isar und wendet sich nach links. Man unterquert die Bahnlinie und folgt einem den Fluss begleitenden Weg. Dieser mündet auf einen Teerweg, auf dem man nach links paral-

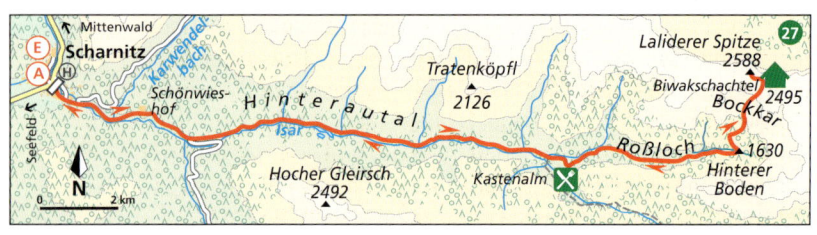

Abendstimmung kurz oberhalb der Biwakschachtel

lel zur Isar weiterfährt. Kurz vor dem Schönwieshof wird die Straße kurz steiler. Danach wird die Teerstraße zum Schotterweg, und wir kommen um eine Biegung. Vor uns öffnet sich das lange **Hinterautal**. Ganz im Hintergrund ist der Talschluss des Roßlochs zu erkennen. Man folgt nun immer dem Fahrweg, bis sich dieser kurz vor der Kastenalm gabelt. Dort geht es halblinks in einen etwas kleineren Fahrweg und weiter nach Osten ins **Roßloch**. Der Weg wird zuletzt schlechter und steiler. An einer Wiese (2:30 Std.) lässt man die Räder stehen und folgt dem Fußweg, der rechts oberhalb des Baches weiterführt.

Auf einer Höhe von etwa 1630 Metern sieht man Trittspuren, die den Bach nach Norden queren. Diesen folgt man und stößt wieder auf einen deutlicheren Weg, der durch die dichte Latschenzone hindurchführt (gut auf die Markierungen achten!). Nachdem man die Latschen verlassen hat, hält man sich auf einem Wiesenhang leicht links und gelangt in die Felsregion. Hier steigt man weiter geradeaus nach Norden und gelangt über zumeist wegloses Gelände (auf Stangen und Steinmänner achten) zu einer **Biwakschachtel** aus Edelstahl (5 Std., 2495 m). Diese steht in einer zwischen der Laliderer Spitze und der Dreizinkenspitze gelegenen Scharte. Von der Scharte quert man deutlichen Steigspuren folgend nach Westen, bevor es zum Schluss in einigen steilen Serpentinen direkt auf den Gipfel der **Lalidererspitze** geht (5:30 Std., 2588 m). Zur Belohnung gibt es Schwindel erregende Tiefblicke auf das vorgelagerte Laliderer Tal und die Eng, liebliche Ausblicke auf die grünen Kuppen des Vorkarwendels sowie auf die schroffe Bergwelt der Felskämme und -grate des Karwendelhauptkamms. Der Abstieg erfolgt auf gleichem Weg (9 Std.).

28 Von der Eng auf das Gamsjoch

Gewaltige Tiefblicke auf traumhafte Almböden: Eng – Gumpenjoch – Gamsjoch – Gumpenjoch – Hohljoch – Eng

 anspr.

 13 km

🕐 5 ¾ Std.

↑ 1300 m
↓ 1300 m

Tourencharakter: Trittsicherheit und Orientierungsvermögen erforderlich.
Beste Jahreszeit: Mitte Juni bis Ende Oktober.
Ausgangs-/Endpunkt: Parkplatz in der Eng.
Wanderkarte: WK 323 »Karwendel – Mittenwald«, 1:50 000, Freytag & Berndt.
Markierung: Anfangs unmarkiert, dann rote Punkte.
Verkehrsanbindung: Mit dem Auto: Von München über Bad Tölz und Lenggries zum Sylvensteinspeicher. Hier rechts über Vorder- nach Hinterriß. Weiter auf der Mautstraße bis in die Eng. Mit dem Zug: Von München mit der BOB direkt nach Lenggries. Von hier an Sommer-Wochenenden mit dem Bergsteigerbus in die Eng.
Einkehr: Rasthütte Eng-Alm, Anfang Mai bis Ende Oktober.
Unterkunft: Alpengasthof Eng, Tel. 0043/5245/231, Anfang Mai bis Ende Oktober.
Tourist-Info: Vomp.

Das Gamsjoch bietet mit die beeindruckendste Aussicht auf den Großen Ahornboden mit den Engalmen und den dahinter schroff aufragenden Kalkwänden des östlichen Hauptkamms.

Der Wegverlauf

Am Beginn des geteerten Wegs zu den Engalmen (Schild »nur für Fußgänger«) wenden wir uns nach rechts und gehen hinunter zum Bachbett. Dort stoßen wir auf einen Schotterweg, dem wir nach links auf die andere Seite folgen. Ein Fahrweg mündet, der uns nach links führt. Kurz vor der Alm muss man aufpassen: Man wendet sich nach rechts und geht auf einen Almzaun zu, an dessen Ecke man den Draht eines parallel zum Fahrweg führenden Zaunes öffnen kann. Man geht hindurch und im rechten Winkel vom Fahrweg über die Almwiesen auf einen Wiesenhang zu.

Am Gams-joch

Zunächst geht es den Hang gerade hinauf, dann wenden wir uns nach rechts, auf niederes Buschwerk zuhaltend. Sogleich bemerken wir eine erste Wegspur, die deutlicher wird.

Die Wegspur erreicht die Schuttreiße und führt anstrengend steil in Serpentinen bergauf. Einmal gabelt sich der Steig: Wir halten uns rechts. Der Weg wechselt bald von der linken auf die rechte Hangseite bzw. verläuft immer wieder am Bachbett entlang. Bald sind rote Markierungen zu erkennen. Der Weg verläuft ein Stück auf einem Rücken oberhalb des Baches, bevor es steil rechts berg-

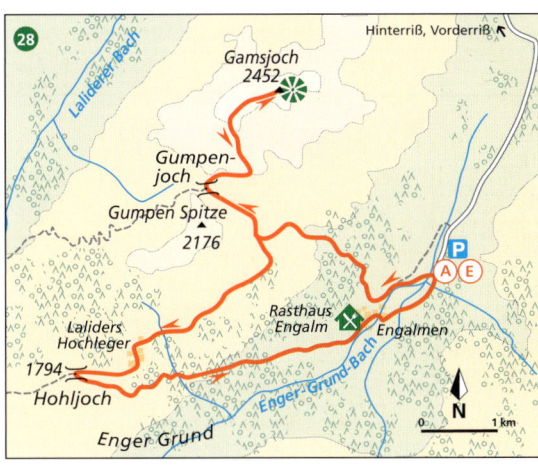

auf geht. Dann führt er flach nach links und quert eine Nebenrinne. Beim Bachbett müssen wir aufpassen: Rechts oberhalb ist ein Felsaufschwung mit einem deutlichen roten Punkt. Hier folgt man nicht dieser Markierung, sondert quert im Bachbett ein Stück nach links, um über steile Trittspuren bald wieder die roten Markierungen zu erreichen. Ein letzter, anstrengender Schotterhang wird über einige Serpentinen erklommen, bis wir endlich auf einen flachen Querweg stoßen. Dieser kommt vom Hohljoch her; wir werden ihn für den Abstieg verwenden. Wir gehen rechts und erreichen bald die Karmulde unterhalb des **Gumpenjochs** (1:45 Std.). Vom Joch aus quert der Weg nach Osten auf einen Wiesenabsatz, über den es angenehm bergan geht. Bald folgen zwei steilere und felsigere Stücke, an denen man die Hände zu Hilfe nehmen muss. Zum Schluss geht es in mäßiger Steigung über eine breite Flanke hinauf zum **Westgipfel des Gamsjochs** (3 Std., 2452 m). Für den Abstieg gehen wir bis zu dem Punkt zurück, an dem wir auf den Querweg gestoßen sind (4 Std.). Hier gehen wir geradeaus weiter und ein Stück bergan, um auf die Südhänge der Gumpenspitze zu gelangen. Es folgt eine Querung in Richtung Südosten zur Alm **Laliders Hochleger**, wofür ein leichter Gegenanstieg zurückzulegen ist. Hinter der Alm führt ein breiter Fahrweg in derselben Richtung weiter zum **Hohljoch** (4:40 Std.). Von hier kehren wir auf der bei der Wanderung 25 beschriebenen Route zum Ausgangspunkt zurück (5:40 Std.).

29 Aus dem Falzthurntal auf das Sonnjoch

Anspruchsvolle Rundtour in weglosem Gelände: Falzthurntal – Bärenlahnersattel – Sonnjoch – Grameialm Hochleger – Falzthurntal

anspr.

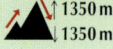

12 km

6 Std.

↑ 1350 m
↓ 1350 m

Tourencharakter: Gute Kondition, Trittsicherheit und Schwindelfreiheit erforderlich.
Beste Jahreszeit: Mitte Juni bis Ende Oktober.
Ausgangs-/Endpunkt: Parkplatz/Bushaltestelle 2 km vor der Grameialm.
Wanderkarte: WK 323 »Karwendel – Mittenwald«, 1:50 000, Freytag & Berndt.
Markierung: Rote Punkte.
Verkehrsanbindung: Mit dem Auto: Auf der A 8 bis Ausfahrt Holzkirchen und über Gmund, Tegernsee und die B 307 in Richtung Achensee. In Maurach rechts nach Pertisau und von hier über die Mautstraße ins Falzthurntal. 2 km vor der Grameialm gegenüber der Bushaltestelle Bärenlahner parken. Mit dem Zug: Von München mit der BOB nach Tegernsee und von hier mit dem Bergsteigerbus Nr. 9550 über Pertisau zur Haltestelle Bärenlahner (nur an Wochenenden von Anfang Juni bis Ende Oktober).
Einkehr: Grameialm Hochleger, Anfang Juni bis Mitte Oktober.
Unterkunft: Alpengasthof Gramei, Tel. 0043/5234/51 66.
Tourist-Info: Pertisau.

Das Gros der Bergsteiger wählt für das Sonnjoch die Eng als Ausgangspunkt. Einsamer ist der Anstieg über den Bärenlahnersattel.

Der Wegverlauf

Der Anstieg zum Bärenlahnersattel

Von der **Bushaltestelle** folgt man hinter dem Schild »Sonnjoch, 4 Std.« einem Forstweg, der bald zu einem Fußweg wird. Dieser folgt nun dem Bachbett an dessen rechter Seite. Der Weg wird zu

einem Pfad und gabelt sich etwas oberhalb des Bachbetts. Hier rechts halten und den Steigspuren in den steilen Bergwald folgen. Nachdem man an Höhe gewonnen hat, quert der Weg hinüber zu den Wiesenhängen des Bärenlahners. Über sie geht es kurz etwas flacher, dann steiler einem Grasrücken folgend hinauf auf den **Bärenlahnersattel** (2:10 Std., 1995 m). Links umgeht man einen Felsaufschwung an dessen Westseite. Kurz muss man in felsigem Gelände die Hände zu Hilfe nehmen, dann führen die Steigspuren über Wiesen bergauf zu einem Kamm.

Vor dessen Ende und einem weiteren Felsaufschwung wendet sich der Weg nach rechts und führt etwas ausgesetzt in eine Rinne hinab. Entlang eines Felsbandes geht es steil hinauf, bis man den Kamm hinter dem Aufschwung wieder erreicht. Hier wechselt der Weg auf die Ostseite und folgt weiteren Felsbändern bergan. Man wendet sich etwas nach rechts und gelangt über einen Rücken zum Sockel des Gipfelaufbaus. Von hier über ein Schuttfeld, dann noch einmal leicht kletternd weiter. Zuletzt quert der Anstieg flach hinüber zum Ostrücken des Sonnjochs, über den man schließlich den **höchsten Punkt** erreicht (3:30 Std., 2457 m).

Vom Gipfel aus geht es über den Westrücken des Sonnjochs auf deutlichen Steigspuren bergab. Nach einiger Zeit quert der Weg hinüber zu einem abbrechenden Kamm, um kurz darauf in Wiesengelände zu führen. Wir steigen zwischen Latschen hinunter und nach links in eine Wiesenmulde. Hier ignoriert man einen nach rechts abzweigenden Pfad und folgt geradeaus dem breiten Weg nach Osten. Bald stoßen wir auf einen Querweg und gehen links zum **Grameialm Hochleger** (4:40 Std.). Von der Alm führt der Weg nach Osten bergab und wird nach einem Wasserfall immer breiter. Bald erreichen wir die Waldzone, überqueren einen Bach und stoßen auf den zur Lamsenjochhütte führenden Weg. Hier wenden wir uns nach links und erreichen über einen breiten Weg den Grameialm Niederleger (5:30 Std.). Von den Almen folgt man dem in der Talmitte verlaufenden Wiesenweg nach Norden. Dieser begleitet dann ein Stück das zumeist trockene Bachbett. Gleich hinter einem Zaun wendet man sich scharf nach links, durchquert das Bachbett und gelangt auf einem Fahrweg zum Ausgangspunkt zurück (6 Std.).

30 Über die Dristlalm auf die Rappenspitze

Wenig begangene Bergtour im östlichsten Teil des Karwendels: Falzthurnalm – Dristlalm – Rappenspitze – Dristlalm – Falzthurnalm

 mittel

 10 km

 5 Std.

↑1200 m
↓1200 m

Tourencharakter: Nach einem sehr steilen, aber schattigen Anfangsabschnitt wird man zum Schluss der Besteigung mit einer aussichtsreichen Kammwanderung belohnt. Teleskopstöcke für den steilen Abstieg hilfreich.
Beste Jahreszeit: Anfang Juni bis Ende Oktober.
Ausgangs-/Endpunkt: Falzthurnalm.
Wanderkarte: WK 323 »Karwendel – Mittenwald«, 1:50 000, Freytag & Berndt.
Markierung: Rote Punkte.
Verkehrsanbindung: Mit dem Auto: Auf der A 8 bis Ausfahrt Holzkirchen und weiter über Gmund, Tegernsee und die B 307 in Richtung Achensee. In Maurach rechts nach Pertisau und von hier über die Mautstraße ins Falzthurntal. Bei einer Abzweigung dem Schild »Falzthurnalm« folgen und direkt vor dieser parken. Mit dem Zug: Von München mit der BOB nach Tegernsee und weiter mit dem Bergsteigerbus Nr. 9550 über Achenkirch und Pertisau zur Haltestelle » Abzweigung Falzthurnalm«. Von hier 1 km zu Fuß zur Alm (nur an Wochenenden von Anfang Juni bis Ende Oktober).
Einkehr: Alpengasthof Falzthurnalm, Tel. 0043/664/3 42 02 36, Fax 0043/664/3 48 60 37, Mitte Mai bis Mitte Oktober.
Unterkunft: Pertisau.
Tourist-Info: Pertisau.

Im Gegensatz zu den großen Karwendelgipfeln wie Birkkar-, Pleisen- oder Speckkarspitze fristet die Rappenspitze beinahe ein Schattendasein. Und das ganz zu Unrecht, besitzt sie doch sowohl einen landschaftlich wunderschönen Anstiegsweg als auch ein hervorragendes Gipfelpanorama.

Der Wegverlauf

Kurz vor dem **Alpengasthof** an der Falzthurnalm wendet man sich nach links (Schild »Rappenspitze«) und kommt sogleich ins Schwitzen. Ein steiler Fußweg führt uns durch dichten Wald

An der Dristlalm hat man den steilsten Wegabschnitt bereits hinter sich.

Man sollte diese Wanderung bei guter Sicht unternehmen, denn wie von vielen der östlichen Karwendelberge hat man auch von der Rappenspitze aus eine hervorragende Sicht auf die Zillertaler Alpen und die Hohen Tauern.

schnell in die Höhe. Man überquert eine Forststraße und erreicht kurz darauf eine Freifläche. Diese ist ein breiter Lawinenstrich,

30

in dem sich – je höher man kommt – die Naturverjüngung des Bergwaldes aber wieder langsam durchsetzen kann. Der Weg bleibt anstrengend und steil, bis sich das Gelände langsam zurücklehnt und man wenig später vor der wunderschön gelegenen **Dristlalm** steht (1:15 Std.). Hier wendet man sich nach links, geht auf einen mit Lärchen bewachsenen Rücken zu, über den man bald zu einer kleinen Kuppe kommt. Dort sieht man auch schon im Süden den nach links schroff abbrechenden Gipfel der Rappenspitze vor sich. Bis man diesen erreicht, gibt es aber noch einiges zu tun: Zuerst steigt man ein Stück bergab, indem man einem schmalen Grasrücken folgt. Der Weg umgeht einen Felsaufschwung an dessen Westseite, ist kurzzeitig etwas erodiert und führt uns schließlich ziemlich steil in ein breites Kar. Hier quert man eine Schuttreiße und erreicht weiterhin recht anstrengend den fla-

chen Absatz der Karschwelle. Ein Metallschild »Rappenspitze« weist hier nach rechts zu einem breiten Wiesenrücken, über den der letzte Teil des Aufstiegs verläuft. Zunächst noch angenehm flach, dann ein Stück wieder steiler und zuletzt erneut flacher wandern wir auf unser Ziel zu und genießen dabei eindrucksvolle Tiefblicke auf das unter uns liegende Falzthurntal. Am Ende des Wiesenrückens beginnt schließlich der wieder steilere Gipfelhang, durch dessen lockeres Felsgelände einige Serpentinen direkt auf den **Gipfel** führen (3:10 Std., 2223 m). Über den Anstiegsweg kehren wir zu unserem Ausgangspunkt zurück (5 Std.).

31

Von Hochzirl auf den Großen Solstein

Große Rundtour hoch über dem Inntal: Hochzirl – Solnalm – Solsteinhaus – Großer Solstein

● anspr.

15 km

7 ½ Std.

↑ 1550 m
↓ 1550 m

Tourencharakter: Lange Bergtour, die als Tagestour gute Kondition erfordert (Übernachtung am Solsteinhaus möglich).
Beste Jahreszeit: Mitte Juni bis Ende Oktober.
Ausgangs-/Endpunkt: Parkplatz bzw. Zughaltestelle von Hochzirl.
Wanderkarte: WK 323 »Karwendel – Mittenwald«, 1:50 000, Freytag & Berndt.
Markierung: 213, 55.
Verkehrsanbindung: Mit dem Auto: Von Garmisch über die B 2 nach Schar-

nitz. Weiter an Seefeld vorbei hinunter nach Zirl. Dort vor Beginn der Autobahn zum nahe gelegenen Hochzirl abbiegen. Mit dem Zug: Die von München über Garmisch nach Innsbruck fahrenden Züge halten an der kleinen Haltestelle von Hochzirl.
Einkehr: Solsteinhaus; Neue Magdeburger Hütte (für die Abstiegsalternative).
Unterkunft: Solsteinhaus (AV), 1806 m, Anfang Juni bis Mitte Oktober, Tel. 0043/5352/8 15 57.
Tourist-Info: Keine.

Namen sind halt einfach Schall und Rauch! Wer nach 1600 bewältigten Höhenmetern mit stolzer Brust auf dem Großen Solstein steht, wird verwundert zur Kenntnis nehmen, dass der benachbarte Gipfel des so genannten Kleinen Solsteins deutlich höher ist – und zwar um knapp 100 Meter! Bei einem solch wunderschönen Gipfelpanorama, das vom Alpenhauptkamm im Süden über die Mieminger Gruppe im Westen zu den langen Karwendelketten im Norden reicht, tut das der Schönheit dieser Tour aber bestimmt keinen Abbruch.

Der Wegverlauf

Wolkenstimmung am Großen Solstein

Von **Hochzirl** aus folgt man dem Flieser Weg nach Osten. (Vom Bahnhof aus geht man auf dem gleisparallelen Weg, der zum Flieser Waldweg führt.) Bald wendet sich der Weg nach Nordosten und verläuft in etwa parallel zum tief unten gelegenen Ehnbach. Nach etwa einer Stunde stößt man auf einen breiten Fahrweg, dem man bis zum Talschluss folgt. Hier über den Bach und durch lichten Wald ansteigend zur **Solnalm** (1644 m). Dem Weg weiter folgend, wandert man nach Norden, um im hinteren Talschluss den nächsten Bach zu überqueren.

31

Nun geht es über lichte Waldhänge hinauf zum **Solsteinhaus** (2:30 Std., 1806 m). Von dort wendet man sich nach Süden und gelangt auf den Westrücken des Großen Solsteins. Über ihn steigt man zuerst durch die Latschenzone, dann in freiem Gelände auf den breiten Gipfel des **Großen Solsteins** (4:30 Std., 2541 m).

Für den Abstieg gibt es zwei Varianten: Entweder man kehrt auf demselben Weg zurück (7:30 Std.) oder man wählt den Abstieg über die Neue Magdeburger Hütte: Hierfür geht man vom Gipfel aus ein Stück weiter nach Osten, bis rechts ein Weg in die südwestexponierte Karmulde des Waidbodens abzweigt. Durch diese Mulde steigt man nun steiler bergab, gelangt wieder in die Vegetationszone und erreicht die **Neue Magdeburger Hütte** (6:15 Std., 1627 m). Dort wendet man sich nach Südwesten und folgt dem recht flachen Weg zur Kirchberger Alm. Kurz vor der Alm überquert der Weg einen Bach und führt dann südlich des Bachs hinunter zu den Almgebäuden am Hörbstenböden. Hier folgt man ein Stück dem breiten Fahrweg nach links, um ihn dann nach rechts wieder zu verlassen. Es geht steiler hinunter zum Ehnbach und an der gegenüberliegenden Seite wieder empor. Kurze Zeit später erreicht man – sich an zwei Gabelungen rechts bzw. geradeaus haltend – den Bahnhof von Hochzirl (7:30 Std.).

32

Von der Seegrube auf die Brandjochspitze

Von Innsbruck aus zum Schauplatz einer alten Sage: Seegrube – Frau-Hitt-Sattel – Brandjochspitze – Frau-Hitt-Sattel – Seegrube

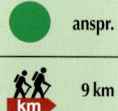

anspr.

9 km

4 ½ Std.

↑ 600 m
↓ 600 m

Tourencharakter: Trittsicherheit für den Schmidhubersteig und den seilversicherten Anstieg zum Gipfel notwendig. Aufgrund der südseitigen Exposition nicht zu spät aufbrechen und genügend zu trinken mitnehmen!
Beste Jahreszeit: Ende Juni bis Ende Oktober.
Ausgangs-/Endpunkt: Bergstation Seegrube der Nordkettenbahn. Letzte Talfahrt: 17:10 Uhr (Mai, Juni, Oktober) bzw.17:40 Uhr (Juli–September).
Wanderkarte: WK 323 »Karwendel – Mittenwald«, 1:50 000, Freytag & Berndt.
Markierung: Rot.

Verkehrsanbindung: Mit dem Auto: Von Garmisch über Seefeld ins Inntal. Dort kurz auf die Autobahn, bei der Ausfahrt Völs/ Krannebitten wieder runter und nördlich des Inns über Hötting zur Hungerburg. Bei der Seilbahn parken. Mit dem Zug: Direktzug von München Hbf nach Innsbruck Hbf. Von hier zu Fuß zur nahen Museumsstraße und mit Buslinie J zur Nordkettenbahn.
Einkehr: Hotel Seegrube, 1966 m, ganzjährig bewirtschaftet, Tel. 0043/512/29 33 75.
Unterkunft: Hotel Seegrube und in Innsbruck.
Tourist-Info: Innsbruck.

Topografische Namensgebungen sind oft eine Frage der Perspektive. Während es von Deutschland aus betrachtet höchst seltsam erscheint, dass der südlichste Karwendelkamm »Nordkette« genannt wird, ist es für die Innsbrucker eine Selbstverständlichkeit. Schließlich ragt der lange Felsgrat zwischen Großem Solstein, Brandjoch- und Rumer Spitze nördlich der Tiroler Hauptstadt in den Himmel. Dem Wanderer können solche Spitzfindigkeiten

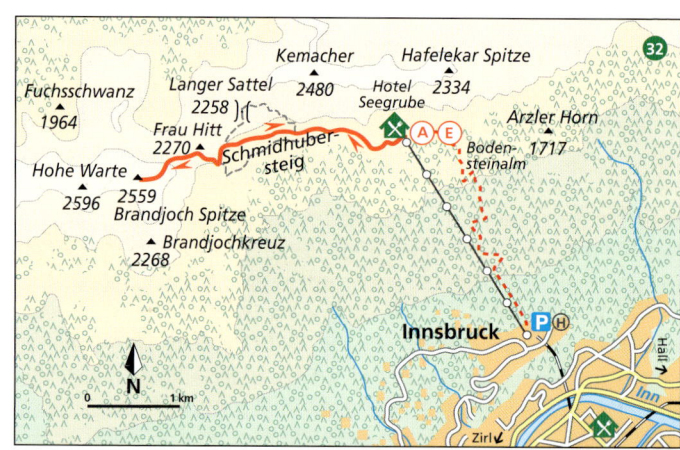

32

egal sein, hält doch die Nordkette in jedem Fall aussichtsreiche Wanderungen bereit.

Der Wegverlauf

Wir beginnen die Wanderung mit der Seilbahnfahrt zur **Bergstation an der Seegrube**. Von hier folgt man zunächst einem breiten Fahrweg nach Westen zu einer Kuppe, an der ein Obelisk steht.

Anschließend auf markiertem Weg weiter nach Westen, bis an der ersten Abzweigung das Schild »Frau-Hitt-Sattel« nach rechts weist.

An der nächsten Abzweigung folgt man nicht rechts dem Wegweiser zum »Langen Sattel«, sondern geht geradeaus weiter bis zu einer leicht ausgesetzten Passage, die in den Kessel unterhalb des **Frau-Hitt-Sattels** führt. An dessen rechter Seite führt

Der Felsturm ist der Sage nach die versteinerte Frau Hitt.

nun der so genannte »Schmidhubersteig« steil hinauf zum Sattel. Man kommt an eine Gabelung und folgt dem linken Weg. Kurz hinter einem Schild »Trittsicherheit erforderlich« befindet sich ein **schmaler Wiesengrat**, auf dem sich eine Pause anbietet (1:30 Std., 2270 m). Von hier aus hat man einen guten Blick auf den Felszapfen der Frau Hitt. Der Sage nach war diese eine böse Riesin. Vor langer Zeit, als die jetzt karge Felswelt des Karwendels noch von fetten Weiden überzogen war, hatte sie hier oben ein prächtiges Schloss. Frau Hitt aber knechtete ihre Untertanen, und als sie schließlich einer armen Bettlerin ein Stück Brot verweigerte, um damit stattdessen ihren dreckigen Sohn abzureiben, brach das Schicksal über sie herein. Felsstürze von unvorstellbarem Ausmaß donnerten zu Tal. Sie selbst wurde zu dem unter uns befindlichen Felsturm versteinert.

Nach der Pause folgt man dem markierten Weg zuerst entlang eines breiten Rückens nach Westen. Bald erreicht man einen leichten Klettersteig (Drahtseile) und steigt auf diesem ohne Orientierungsprobleme bis zum **höchsten Punkt** (2:30 Std., 2559 m). Der Abstieg erfolgt auf dem Anstiegsweg, wobei man von der Seegrube (4:30 Std.) auch zu Fuß über die Bodensteinalm auf dem Weg Nr. 216 ins Inntal absteigen kann.

33 Über den Halleranger zur Speckkarspitze

Luftige Gipfelbesteigung mit weitem Zustieg: Scharnitz – Hinterautal – Kastenalm – Halleranger – Speckkarspitze

 anspr.

31 km

13 Std.

↑ 1700 m
↓ 1700 m

Tourencharakter: Abwechslungs- und aussichtsreiche Zweitagestour, Trittsicherheit und Schwindelfreiheit erforderlich. Für das lange Hinterautal bietet sich Fahrradbenutzung an.
Beste Jahreszeit: Mitte Juni bis Mitte Oktober.
Ausgangs-/Endpunkt: Scharnitz (Variante: Endpunkt Hall in Tirol).
Wanderkarte: WK 323 »Karwendel – Mittenwald«, 1:50 000, Freytag & Berndt.
Markierung: Zuerst 224, dann 223.
Verkehrsanbindung: Mit dem Auto über die A 95 nach Garmisch. Von hier wei-

ter auf der B 2 an Mittenwald vorbei nach Scharnitz. Mit dem Zug von München über Garmisch und Mittenwald nach Scharnitz. (Variante: Von Hall über Innsbruck nach München).
Einkehr: Hallerangeralm, Hallerangerhaus.
Unterkunft: Hallerangeralm (privat) 1770 m, Tel. 0043/5213/52 77, Internet: www.hallleranger-alm.at bzw. Hallerangerhaus (DAV), 1768 m, Tel. 0043/5213/53 26; beide von Anfang Juni bis Mitte Oktober bewirtschaftet.
Tourist-Info: Scharnitz.

Die markante Verschneidung des Lafatschers ist eine anspruchsvoller alpine Klettertour.

Für die Besteigung der Speckkarspitze bieten sich zwei Alternativen an: Entweder man benutzt das Hinterautal als Hin- und Rückweg, wobei man dann am besten mit dem Rad bis zur Kastenalm fährt. Diese Variante hat den Vorteil, dass man am Rückweg in die junge, kalte Isar springen kann. Oder man wandert nach der Gipfelbesteigung weiter nach Süden und gelangt über die Bettelwurfhütte nach Hall im Inntal. Diese Variante bietet sich natürlich für all jene an, die mit der Bahn ins Gebirge reisen.

Der Wegverlauf

1. Tag: Wie bei Wanderung 27 bis zur Gabelung vor der Kastenalm. Hier wendet man sich nach rechts und lässt, falls man ein Fahrrad dabei hat, dieses kurz darauf stehen (3:15 Std., 1768 m). Der nun schmalere, aber weiterhin gute Weg wird recht steil, bevor das Gelände kurz vor der Alm **Lafatscher Niederleger** wieder flacher wird. Weiterhin geht es angenehm flach dem Lafatscher Bach folgend nach Osten. Man tritt ein zweites

33

Verbindung mit Wanderung 34 – ideal für Bahnbenutzer: Zunächst entweder auf dem gleichen Weg hinunter und am Fuß der Westflanke in südlicher Richtung zum Lafatscher Joch hinüber, oder aber den Westgrat (deutlich schwerer) hinabkletternd direkt hinunter zum Lafatscher Joch. Hier wendet man sich nach links und folgt dem Weg Nr. 222 zur Bettelwurfhütte (Besteigung Bettelwurf siehe Tour 34). Von dort wie bei Tour 34 ins Halltal. Dort angekommen, folgt man der Teerstraße bis zur Haltestelle Bettelwurfsiedlung und fährt mit der Linie E direkt zum Innsbrucker Bahnhof.

Mal aus dem Wald heraus und sieht vor den Wiesen der Kohler Alm die riesige Felsverschneidung des Lafatschers. Hinter der Kohler Alm gabelt sich der Weg: Wer auf der frei gelegenen **Hallerangeralm** übernachten will, wählt den linken Weg, wer auf dem im Wald gelegenen Hallerangerhaus schlafen möchte, hält sich rechts (4:45 Std., 1768 m).

2. Tag: Von der Hallerangeralm geht man nach Süden in den Wald und steht bald vor dem Hallerangerhaus. Von hier führt ein guter Fußweg nach Süden und an den Kletterwänden der Speckkarspitze vorbei. Nachdem der Weg eine Rinne überquert hat, wendet er sich nach Westen, um sogleich wieder in südliche Richtung auf das **Lafatscher Joch** zuzuhalten. Ungefähr 600 Meter vor dem Joch wendet man sich nach links und gewinnt auf einem markierten Pfad in der Westflanke der Speckkarspitze schnell an Höhe. Zum Schluss steigt man dem Gratverlauf folgend in südliche Richtung weiter (Drahtseile, Stellen I) und erreicht – immer wieder die Hände zu Hilfe nehmend – schließlich den **höchsten Punkt** (7:30 Std., 2621 m). Von der Speckkarspitze bietet sich ein beeindruckender Ausblick auf das 2000 Meter tiefer gelegene Inntal und den gegenüber liegenden Alpenhauptkamm. Der Abstieg erfolgt auf demselben Weg (13 Std.).

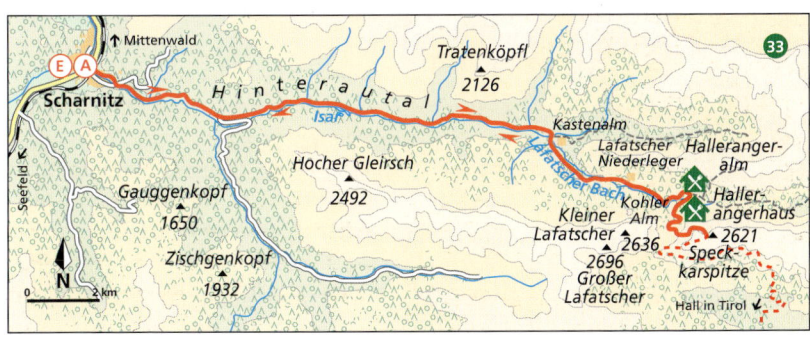

34 Vom Halltal auf den Großen Bettelwurf

Anspruchsvolle Bergtour zum höchsten Berg im Südkarwendel: Halltal – Bettelwurfhütte – Großer Bettelwurf – Halltal

 anspr.

 9 km

 7 Std.

 ↑1750 m ↓1750 m

Tourencharakter: Wegen des steilen und südexponierten Aufstiegs sollte man im Sommer nicht zu spät aufbrechen. Trittsicherheit erforderlich.
Beste Jahreszeit: Mitte Juni bis Mitte Oktober.
Ausgangs-/Endpunkt: Zweite Ladhütte im Halltal.
Wanderkarte: WK 323 »Karwendel – Mittenwald«, 1:50 000, Freytag & Berndt.
Markierung: Rote Punkte.
Verkehrsanbindung: Mit dem Auto: Auf der A 8 zum Inntaldreieck und über die Inntalautobahn (A 93 bzw. A 12) bis Ausfahrt Hall. In Hall den Schildern »Gnadenwald« folgen. Am Ende der langen geraden Straße in einer Kurve geradeaus dem Schild »Halltal« folgen (Maut) und durch dieses hinauf bis zur zweiten Ladhütte; gegenüber parken. Mit dem Zug: Von München nach Innsbruck und von hier mit der Linie E zur Haltestelle Absam-Eichat/Bettelwurfsiedlung. Ab hier zu Fuß durchs Halltal zum Ausgangspunkt (30 Min. zusätzlich).
Einkehr/Unterkunft: Bettelwurfhütte (ÖAV), 2079 m, Tel. 0043/5223/5 33 53, Mitte Juni bis Mitte Oktober.
Tourist-Info: Hall in Tirol.

Beim Anstieg zur Bettelwurfhütte hat man schöne Tiefblicke auf das einsame Isstal.

Wenige Hütten im Karwendel besitzen eine so aussichtsreiche Lage wie die Bettelwurfhütte. Von der Terrasse aus bietet sich ein gewaltiger Tiefblick ins Inntal, der darüber liegende Horizont wird von den Gletschern und Gipfeln des Alpenhauptkamms eingerahmt. Winterraum-Liebhaber seien allerdings gewarnt: Die Hütte besitzt nur einen Notraum ohne Heizmöglichkeit! Die Tour lässt sich gut mit Wanderung 33 verbinden.

Der Wegverlauf

Vom **Parkplatz** folgen wir dem gelben Schild »Bettelwurfhütte« und überqueren den Bach. Gleich kommt man aus dem Wald auf eine große, mit lichten Latschen bewachsene Schuttreiße. Über diese geht es recht steil bergan. Bei einer Gabelung halten wir uns halblinks.

Der frisch verschneite Gipfel des Großen Bettelwurfs

Wir gewinnen an Höhe und wandern in ein von Felswänden umringtes Kar. Hier quert der Weg plötzlich flacher nach Westen auf den links liegenden Latschenhang zu. Unterhalb von Felswänden ist der Weg kurz schmal und ausgesetzt (Drahtseile), dann wird er zwischen den Latschen wieder breiter. Es geht in vielen Schleifen bergan, teilweise muss man in dem felsigen Gelände auch einmal die Hände zu Hilfe nehmen. Auf einem **Absatz** bietet sich uns ein beeindruckender Blick auf den Talschluss des Isstals. Nach einiger Zeit kommen wir auf einen Latschenrücken, von wo aus wir auch schon die Hütte sehen. Der Weg wird etwas flacher und führt bald zu einer Gabelung. Hier hat man zwei Möglichkeiten:

1. Wer zuerst auf der Hütte übernachten möchte, folgt links dem Schild »Bettelwurfhütte«, quert ein felsiges Bachbett (Drahtseile) und wandert weiter westwärts zur Hütte. Von dort aus geht es anderntags dem Schild »Großer Bettelwurf« folgend in einer Querung nach Osten zum beschriebenen Aufstieg.

2. Man wendet sich (unbeschildert) nach halbrechts, kommt aus den Latschen heraus und erreicht über Serpentinen Felsgelände. (Kurz davor stößt der von der Hütte her kommende Weg hinzu.) Der Weg steigt in östlicher Richtung weiter bergan und erreicht den so genannten **Eisengattergrat**. Über diesen erreicht man in zum Teil ausgesetztem Gelände den steilen Gipfelaufbau und darüber (Drahtseile) schließlich den höchsten Punkt (4:15 Std. bzw. 1:40 Std. von der Hütte). Man kehrt auf dem Anstiegsweg ins Tal zurück.

Die große Karwendeldurchquerung

In vier Tagen von Scharnitz zum Achensee: Scharnitz – Karwendelhaus –
Falkenhütte – Lamsenjochhütte – Falzthurntal

35

 mittel

 46 km

 15 Std.

 ↑ 2000 m ↓ 2000 m

Tourencharakter: Beeindruckende Gebirgsdurchquerung unterhalb des Karwendelhauptkamms. Die Schwierigkeiten lassen sich zu Beginn und zum Schluss variieren – siehe jeweilige Alternative.

Beste Jahreszeit: Anfang Juni bis Mitte Oktober.

Ausgangspunkt: Scharnitz.

Endpunkt: Falzthurntal bzw. Pertisau.

Wanderkarte: WK 323 »Karwendel – Mittenwald«, 1:50 000, Freytag & Berndt.

Markierung: Rote Punkte.

Verkehrsanbindung: Mit dem Zug: Anreise direkt von München über Garmisch nach Scharnitz. Zurück mit dem Bergsteigerbus 9550 nach Tegernsee (an Wochenenden) und von dort mit der BOB direkt nach München.

Einkehr/Unterkunft: Karwendelhaus, 1765 m, Tel. 0043/5213/56 23; Falkenhütte, 1846 m, Tel. 0043/5254/245; Lamsenjochhütte, 1953 m, Tel. 0043/5244/6 20 63, (alle DAV und von Anfang Juni bis Mitte Oktober bewirtschaftet). Bei Etappe 1 über Tour 23 zusätzlich Pleisenhütte (privat), 1757 m, Anfang Juni bis Mitte Oktober sowie ganzjährig an Wochenenden, Tel. 0043/664/9 15 87 92

Tourist-Info: Scharnitz, Pertisau.

Der im Jahr 2002 vom DAV und dem RVO ins Leben gerufene Bergsteigerbus zum Achensee hat die Attraktivität dieser Karwendeldurchquerung nur noch gesteigert. Musste man früher aus dem Falzthurntal per Autostopp versuchen, den Bahnhof in Tegernsee zu erreichen, gibt es für den erschöpften Wanderer nun einen komfortablen Zubringer. Die Zukunft dieses Busses hängt natürlich auch von seiner Frequentierung ab – ein Grund mehr, sich zum Achensee aufzumachen!

Die Falkenhütte markiert die Hälfte der viertägigen Durchquerung.

Der Wegverlauf

1. Etappe: Wie bei Wanderung 25 oder 23 (hier zusätzliche Übernachtung auf der Pleisenhütte) zum **Karwendelhaus**.

2. Etappe: Von hier zuerst auf einem Fahr-, dann auf einem Fußweg zum Hochalmsattel. Nun über Wiesen auf zum Teil erodierten, dann durch Latschen und zuletzt im Wald hinab zum Hermann-von-Barth-Denkmal. An der folgenden Weggabelung nach rechts dem Schild »Falkenhütte« folgen. Zunächst flach an den Bäumen des **Kleinen Ahornbodens** vorbei, dann im Wald ansteigend und wieder flacher aus dem Wald heraus zur Ladizalm. Zunächst geht es noch ein Stück auf dem breiten Fahrweg, dann biegen wir links ab und erreichen über einen Fußweg die schön gelegene **Falkenhütte** (3 Std., 1846 m). Bei dieser relativ kurzen Tagesetappe bietet es sich an, die Besteigung des Mahnkopfes noch dranzuhängen (→ Wanderung 26).

3. Etappe: Wie bei Wanderung 26 beschrieben, gehen wir bis zu den **Engalmen**. Dort wendet man sich gleich nach rechts, überquert zwei

Blick von der Falkenhütte auf das Hohljoch

Bäche und folgt der ansteigenden Almstraße bis zur **Binsalm**. Dahinter wird der Weg zum Fußweg und führt, nachdem man sich bei einer Weggabelung rechts gehalten hat, auf das **Westliche Lamsenjoch**. Von hier geht es flacher in gleicher Richtung weiter und zum Schluss in ein paar Kehren zur **Lamsenjochhütte** (5 Std., 1953 m).

4. Etappe: Von der Lamsenjochhütte ein Stück zurück Richtung Lamsenjoch und bei einer Abzweigung dem Schild »Falzthurntal« nach rechts folgen. Über steile Serpentinen geht es hinab in den Grameier Grund und von dort wieder angenehm flach zum **Gasthof Grameialm** (2 Std.). Von hier entweder direkt mit dem Bus zurück oder durch den flachen Talboden wandernd bis nach Pertisau, wo der Bus ebenfalls hält (zusätzlich knapp 2 Std.).

Alternative: Wer noch einen Gipfel mitnehmen möchte, wendet sich am Grameier Grund nach rechts und steigt

Special

Der Große Ahornboden

Auf dem seit etwa 1000 Jahren almwirtschaftlich genutzten Talboden konnten sich die Ahornbestände während des Dreißigjährigen Krieges verjüngen, als die Almen aufgegeben wurden. Auch geomorphologisch sehr aktive Phasen wie zur Mitte des 19. Jhs., als große Schuttmassen von den Gebirgsflanken das Tal zuschütteten und eine Almwirtschaft nahezu unmöglich machten, überstanden die Bäume ohne größere Probleme. Der Bergahorn ist nahezu unempfindlich gegen Steinschlag und verträgt sogar Vermurungen: Im Talschluss der Eng stehen Bäume, deren Stämme zwei Meter tief von Muren überschüttet wurden und die nach wie vor äußerst vital sind. Die ältesten Bäume blicken auf ein Alter von bis zu 500 Jahren zurück. Die beste Zeit, den Großen Ahornboden zu besuchen, ist der Oktober. Dann stellen das goldgelbe Laub zusammen mit den noch grünen Almböden und den in den höchsten Regionen oft schon verschneiten Felswänden eine wunderschöne Farbpalette dar. Allerdings sollte man in dieser Zeit möglichst unter der Woche herkommen – steht die herbstliche Eng doch auch bei Veranstaltern von Kaffeefahrten fest auf dem Programm.

über den Lunstsattel und den Rizuelhals hinauf zur Naudersalm. Kurz davor zweigt links ein schmaler Steig zur Rappenspitze ab. Vom Gipfel gelangt man (siehe Wanderung 30) hinunter ins Falzthurntal (800 m Aufstieg; ca. 6 Std.).

ALPINER WETTERBERICHT

Zumeist zutreffende Prognosen findet man auf der Homepage des Deutschen Alpenvereins: www.alpenverein.de. Diese Vorhersage wird von der alpinen Wetterdienststelle Innsbruck für den jeweils darauffolgenden Tag ab jeweils 15:30 Uhr ins Netz gestellt und ermöglicht somit eine aktuelle Tourenplanung. Dieser Bericht ist auch per Telefon abrufbar: 089/29 50 70.

ANGELN

Die Gegend **rund um Krün** ist aufgrund der vielen nahe gelegenen Seen bei Petrijüngern beliebt. Tageskarten für Isar, Lautersee und Schmalensee werden vom Verkehrsamt Krün ausgegeben. Kurse für Anfänger wie auch für Fortgeschrittene gibt Klemens Holzer, Tel. 08825/95 22 60.

In der **Leutasch** kann am Weidachsee gefischt werden: Fischerei Gallop, Tel. 0043/5214/62 16. Alle Salmonidenarten (Bachforelle, Regenbogenforelle, Saibling, Esche) können geangelt werden. Die Tageskarte kostet 20 Euro (inkl. 2 kg Fisch).

ANREISE

Mit dem Auto: Von Norden kommend steuert man zunächst München an. Von dort fährt man ins Wettersteingebirge und an die Westseite des Karwendels über die A 95 und weiter über die B 2. Das Zentrum des Karwendels erreicht man am schnellsten von München aus über die A 8 bis Holzkirchen und von hier über Bad Tölz zum Sylvensteinspeicher (B 13 und B 307). Um zu den Touren am Achensee zu gelangen, fährt man von Holzkirchen aus über Tegernsee und den Achenpass (B 307). Die Südseite des Karwendels erreicht man entweder über die Inntalautobahn (A 12) oder von Mittenwald aus über den Zirler Berg. Öffnungszeit der Mautstraße in die Eng: Mitte Mai bis Ende Oktober.

Für die westlichen Touren steigt man in Garmisch in die Außerfernbahn um.

Mit Zug und Bus: Die Region ist einerseits durch die Strecke München – Innsbruck und andererseits durch die Züge der

Bayerischen Oberlandbahn (Endbahnhöfe Lenggries und Tegernsee) erschlossen. Bei letztgenannten hat man an Wochenenden
sowie feiertags (im Sommer) guten Anschluss an die Bergsteigerbusse 9569 und 9550, die einen bis zum Großen Ahornboden
bzw. ins Falzthurntal befördern. Über die aktuellen Verbindungen informiert man sich auf den Internetseiten www.bahn.de und
www.rvo-bus.de.

Mit dem Flugzeug: Der einzige in der Nähe liegende Flughafen
ist Innsbruck-Kranebitten (www.innsbruck-airport.com). Es bestehen Linienverbindungen nach Wien, Frankfurt und Hannover.
Vom Flughafen mit der Buslinie F alle 15 Minuten zum Innsbrucker Hauptbahnhof.

Zum Münchener Flughafen (www.munich-airport.de) bestehen
gute Verbindungen von ganz Mitteleuropa aus. Vom Flughafen
gelangt man mit den S-Bahn-Linien 8 und 1 zum Hauptbahnhof.

BADEN

Die Region bietet eine große
Anzahl an wunderschönen
Badeseen, auf die bei den jeweiligen Touren hingewiesen
wird. Sie besitzen alle sehr
gute Wasserqualität, erreichen angenehme Temperatu-
ren aber zumeist erst im
Hochsommer. Die Badestel-
len bzw. Freibäder sind in den
Gebietskarten   eingetragen.

Eingefleischten Wasserratten ist auch ein Sprung in die Isar oder
den Rißbach als besonders frisches, aber landschaftlich einmali-
ges Badevergnügen zu empfehlen.

*Der Barmsee
ist der wohl
schönste
Badesee in
der Region.*

BAUERNPRODUKTE

Heublumen-Säcke: Familie Bandl, Leutasch, Tel. 0043/5214/63 87.
Hobi's Bäckerei: Zugspitzstr. 2, Tel. 08821/27 27. Ein »Muss« für
den Brotzeiteinkauf in Garmisch-Partenkirchen. Uriges Backwerk
aus alten Getreidesorten wird ebenso angeboten wie »frisch ein-
geflogene Marssemmeln« (knallrot dank Roter Beete) und nicht
zu vergessen die superleckeren Vanillehörnchen …

Lammfleisch, Schafwolle: Josef Neuner, Gasse 176, A-6105 Leutasch, Tel. 0043/5214/65 37.

Leutascher Bauernladen: Klamm 57 b, A-6105 Leutasch, Tel. 0043/664/5 90 89 63.

Schaukäserei der Agrargemeinschaft Eng-Alm: Eng, Tel. 0043/5245/227, Internet: www.eng-alm.at. Mehrmals prämierter Bergkäse aus eigener Produktion. Vormittags geöffnet.

Ziegenstall Peter: Längraben-Umgebung 10, A-6632 Ehrwald, Tel. 0043/5673/39 31. Ziegenmilch und -käse ab Hof. Auch für Familien interessant, da Kinder beim Melken zuschauen und die Tiere streicheln dürfen. Verkauf täglich 18–20 Uhr.

BERGBAHNEN

Bayerische Zugspitzbahn: Telefonischer Infodienst: 08821/79 79 79, Internet: www.zugspitze.de. Sommerbetriebszeiten: Zugspitze (vom Eibsee) Mai–Oktober, ab 8 Uhr; (Preis: € 42!)

Alpspitzbahn Mai–Juni ab 8 Uhr, Juli–Oktober ab 8:30 Uhr; Eckbauer Mai–Oktober ab 9 Uhr.

Ehrwalder Almbahn: Tel. 0043/5673/24 68, Sommerbetrieb von Mitte Juni bis Mitte Oktober.

In Garmisch hat man Anschluss an die altehrwürdige Bayerische Zugspitzbahn.

Karwendelbahn: Wetter- und Sportinfo: Tel. 00823/53 96, Internet: www.karwendelbahn.de. Betriebszeiten täglich je nach Witterung ab 8:30 Uhr bzw. 9 Uhr.

Seefeld Skigebiet Roßhütte: Tel. 0043/5212/2 41 60, Internet: www.seefeld-bergbahnen.at. Sommerbetrieb: Ende Mai bis Mitte Oktober ab 9 Uhr, Samstag und Sonntag auch ab 8:30 Uhr.

Tiroler Zugspitzbahn: Tel. 0043/5673/23 09. Sommerbetrieb von Anfang Mai bis Ende Oktober: täglich 8:40–16:40 Uhr. Mit € 31 ist die Berg- und Talfahrt deutlich günstiger als vom Eibsee aus!

CAMPING

Camping Achensee: A-6215 Achenkirch, Tel. 0043/5246/6239, Fax 0043/5246/66 26, E-Mail: info@camping-achensee.com. Ganzjährig geöffnet, direkt am Nordufer des Achensees.

Campingplatz Zugspitze: 82491 Garmisch-Partenkirchen/Grainau, Tel. 08821/31 80. Ganzjährig geöffnet, bei Grainau direkt an der Loisach.

Holiday Camping: A-6105 Leutasch, Tel. 0043/5214/6 57 00, E-Mail: info@holiday-camping.at. Direkt an der Leutascher Ache gelegener Campingplatz der gehobenen Kategorie; mit eigenem Hallenbad und Tennisplatz.

Naturcampingplatz Isarhorn: Isarhorn 4, 82481 Mittenwald, Tel. 08823/5216, E-Mail: camping@mittenwald.de. Ganzjährig geöffnet; zwischen Mittenwald und Krün direkt an der Isar gelegen.

FESTE/ VERANSTALTUNGEN

Über die genauen Termine in den kommenden Jahren sollte man sich bei den jeweiligen Fremdenverkehrsämtern erkundigen.

Juni:
Prächtige Fronleichnamsprozessionen, z. B. in der Leutasch.
An Sonnwende (um den 20. herum) »Berge in Flammen«: Zahlreiche Gipfelfeuer auf den Bergen rund um den Ehrwalder Talkessel mit leuchtenden Figuren an den Berghängen.

August:
15. August: Wallfahrtsmesse in der Kirche Hinterriß.

Ende August: Sänger- und Musikantentreffen in der Eng-Alm.

September:
2. Sonntag im September: Alm-Kirchtag in der Eng-Alm.
2. Sonntag im September: »Schafschoad« am Martinsplatz in Ehrwald.
2. Sonntag im September: Gatterlmesse – Ort siehe Wanderung 9.
Letzter Samstag im September: Almabtrieb in Vomp-Dorfplatz und in der Leutasch.

Oktober:
Mitte Oktober: Ganghofer-Wochen in der Leutasch.
Ende Oktober: Reiter- und Gespanntreffen in Ehrwald.

INFORMATIONSSTELLEN

Achenkirch
Achensee Tourismus, A-6215 Achensee, Tel. 0043/5246/53 00,
Fax 0043/5246/53 33,
E-Mail: info@achensee.tirol.at

Ehrwald
Tourismusverband Ehrwald-Zugspitze,
Kirchplatz 1, A-6623 Ehrwald,
Tel. 0043/5673/23 95,
Fax 0043/5673/33 14, E-Mail:
ehrwald@zugspitze.tirol.at, Internet:
www.ehrwald.com

Garmisch-Partenkirchen
Kurverwaltung, Richard-Strauss-Platz 1 a,
82467 Garmisch-Partenkirchen, Tel.
08821/18 07 00, Fax 08821/18 07 55,
E-Mail: tourist-info@garmisch-partenkirchen.de

Hall in Tirol
Tourismusverband Hall,
Wallbachgasse 5, A-6060 Hall in Tirol,
Tel. 0043/5223/5 62 69,
Fax 0043/5223/5 62 69 20,
E-Mail: hall.tirol@netway.at

Innsbruck
Tourismusverband Innsbruck,
Burggraben 3, A-6020 Innsbruck,
Tel. 0043/512/37 73 32,
Fax 0043/512/3 77 33 27,
E-Mail: info2@innsbruck.tvb.co.at

Krün
Verkehrsamt Krün, Rathaus, 82494 Krün,
Tel. 08825/10 94, Fax 08825/22 44,
E-Mail: tourist-info@kruen.de

Lenggries
Gästeinformation der Gemeinde Lenggries, Rathausplatz 1, 83661 Lenggries,
Tel. 08042/50 08 20, Fax 08042/50 08 40,
E-Mail: info@lenggries.de

Leutasch
Tourismusverband Leutasch,
Kirchplatzl 128 a, A-6105 Leutasch, Tel.
0043/5214/62 07, Fax 0043/5214/69 65,
E-Mail: info@leutasch.com

Mittenwald
Kurverwaltung Mittenwald, Dammkarstr. 3, D-82481 Mittenwald, Tel.
08823/3 39 81, Fax 08823/27 01,
E-Mail: kurverwaltung@mittenwald.de

Pertisau
Achensee Tourismus, A-6215 Achensee, Tel. 0043/5246/53 00,
Fax 0043/5246/53 33,
E-Mail: info@achensee.tirol.at

Scharnitz
Tourismusverband, Innsbrucker Str. 282,
A-6108 Scharnitz, Tel. 0043/5213/52 70,
Fax 0043/5213/55 57,
E-Mail: info@scharnitz.tirol.at

Vomp
Tourismusverband Vomp, Dorf 69,
A-6134 Vomp, Tel. 0043/5242/6 26 16,
E-Mail: info@vomp.tirol.at

Zirl
Tourismusinformation Zirl, Dorfplatz 3,
A-6170 Zirl, Tel. 0043/5238/5 22 35,
Fax 0043/5238/5 35 35,
E-Mail: Innsbruck-West@netway.at

JUGENDHERBERGEN

Garmisch-Partenkirchen: Jochstr. 10, Tel. 08821/29 80, Fax 08821/5 85 36.

Mittenwald: Ganghofer-Jugendherberge, Buckelwiesen 7, Tel. 08823/17 01.

KLETTERN

Beide Gebirge besitzen **alpine Kletterrouten** in Hülle und Fülle, wobei der Wetterstein den festeren Fels besitzt. Die schönsten Klettertouren findet man meiner Meinung nach an der Südwand der Schüsselkarspitze. Die unzähligen Routen sind in den jeweiligen Gebietsführern des Deutschen Alpenvereins zusammengestellt. Ungeübte können über die Fremdenverkehrsbüros Kontakt zu Bergführern aufnehmen. Empfehlenswerte **Klettergärten** gibt es u. a. unterhalb der Alpspitze, rund um Scharnitz und Mittenwald. Diese sowie weitere auf der Zufahrt zum Wetterstein und Karwendel gelegenen Gebiete sind in dem Führer »Kletterträume in Bayern« zusammengestellt. Eine **Kletterhalle** gibt es in Ehrwald beim Hallenbad, Öffnungszeiten nach telefonischer Vereinbarung: Tel. 0043/664/4 94 77 84.

LITERATUR

Von dem Scharnitzer Bergfotograf Heinz Zack stammen zwei sehr gute Bildbände über den Wetterstein und das Karwendel. Neben den hervorragenden Fotos stimmen Textbeiträge über die Menschen und Natur der beiden Gebirge auf diese wunderschöne Region ein: **Karwendel**, Verlag J. Berg, München und **Wetterstein**, Edition Berge im Rother Verlag, München. Liebhabern alter Sagen möchte ich folgendes Buch wärmstens ans Herz legen: A. Jocher: **Geisterfahrt und wilde Jagd – Sagen aus dem Werdenfelser Land**, Hugendubel, München.

Für Kletterer halten Karwendel und Wetterstein unzählige Tourenmöglichkeiten bereit.

MOUNTAINBIKE

Im Karwendel: Die großen Karwendeltäler mit ihren breiten Forstwegen sind ein beliebtes Ziel für Radfahrer. Eine Zusammenstellung der genehmigten Routen findet man auf dem Infozettel »Radtouren im Alpenpark Karwendel« (zu beziehen über den →**Alpenpark Karwendel**, S. 112) bzw. auf der Internetseite www.tirol.at/mountainbike. Als Karwendel-Klassiker gilt die Durchquerung Karwendeltal – Kleiner Ahornboden – Rißtal – Plumsjoch – Pertisau, die als Teil der 320 Kilometer langen »Tirol-Vital-Route« bestens beschildert ist.

Im Wetterstein: Hier bieten sich eher Umrundungen als Durchquerungen an, da die meisten Übergänge zum Fahren nicht geeignet sind. Der Klassiker schlechthin ist die anspruchsvolle Zugspitz-Umrundung mit 89 Kilometern Länge, 2200 Metern Höhe und 8 Stunden Dauer. Diese sowie weitere Touren sind auf der Internetseite www.garmisch-partenkirchen.de unter »Radsport« beschrieben.

MUSEEN / NATURKUNDEZENTREN

Alpenpark Karwendel – Infozentrum Hinterriß: Hinterriß 14, Internet: www.karwendel.tirol.com. Geöffnet Mitte Mai bis Ende Oktober täglich 10–18 Uhr; zusätzliche Öffnungszeiten auf Anfrage. Zeitgemäße Naturkunde (u. a. Multivisionsschau) zu Geologie, Flora, Fauna des Karwendels, sowohl für Erwachsene als auch für Kinder umweltpädagogisch angelegt; freier Eintritt.

Alpenpark Karwendel – Info-Zentrum Scharnitz: Innsbrucker Str. 282. Mitte Mai bis Mitte Oktober: Mo–So 9–12 Uhr, Sa auch 15–18 Uhr, Winter: Mo 9–12 Uhr und 15–18 Uhr, Di–Fr 9–12 Uhr. Mit nachgebauten Bergwerkstollen, Elchhöhle und Isarquelle sowie dreidimensionalem Karwendelpanorama.

Jagdschloss König Ludwigs am Schachen: Tel. 08821/29 96 01 72 oder 8 76 88 68, Internet: www.schloesser.bayern.de/seiten/objekte/sc_jag.htm. Geöffnet je nach jahreszeitlicher Witterung ab Anfang Juni bis Anfang Oktober, täglich Führungen um 11, 13, 14 und 15 Uhr. Glanzpunkt des wunderschön gelegenen Schlösschens ist der Türkische Saal – ausgestattet im maurischen Stil. Die Farbenpracht des Raums mit reichen Textilien, Pfauenfedern und dem Brunnen wird durch farbige Glasfenster noch gesteigert.

Ganghofer-Museum Leutasch: A-6105 Leutasch, Kirchplatzl 154. Geöffnet Di–Fr 15–17 Uhr, So 14–17 Uhr. Einblicke in das Leben des Volksschriftstellers sowie Exponate zur Jagd in der Leutasch und zur Leutascher Dorfgeschichte.

Das Geigen-baumuseum in Mittenwald

Geigenbaumuseum Mittenwald: Ballenhausgasse 3, 82481 Mittenwald, Tel. 08823/25 11. Geöffnet Di–Fr 15–18 Uhr, Sa und So 10–13 Uhr. Wertvolle Instrumentensammlung sowie Exponate

zum Thema Bauernmöbel, Kunstgewerbe und Hausrat. Das Museum wurde 2002 stark erweitert.

Schaubergwerk Tiroler Steinöl: Am Westufer des Achensees (Wanderung 21). Geöffnet in der Hauptsaison Di–So 10:30–14:30 Uhr, in der Nebensaison: Do–So 10:30–14:30 Uhr. Einblicke in die alten Abbaumethoden dieses vielseitig anwendbaren Naturproduktes.

Schwazer Silberbergwerk, Alte Landstr. 3 a, A-6130 Schwaz. Täglich geöffnet: 1. November bis 30. April 9:30–16 Uhr, 1. Mai bis 31. Oktober 8:30–17 Uhr, Internet: www.silberbergwerk.at. Fahrt mit der Grubenbahn in ein bis zu 500 Jahre altes Silber- und Kupferabbaugebiet.

Werdenfelser Heimatmuseum, Ludwigstr. 47, Partenkirchen. Geöffnet Di–Fr 10–13 Uhr und 15–18 Uhr, Sa, So, Feiertage 10–13 Uhr. Exponate zu den Bereichen Fastnachtsbräuche, Holzskulpturen, Bauernmöbel und Trachten sowie eine Rauchküche, Geigenbauwerkstatt und eine große Weihnachtskrippe.

NACHTLEBEN
Ehrwald:

Musikcafé-Kulturzentrum: Hauptstr. 27, Internet: www.musikcafe.at. Mit DJ- und Lifemusikveranstaltungen. Mi und Do ab 20 Uhr, Fr–So ab 17 Uhr. Mo, Di Ruhetag.

Garmisch-Partenkirchen:

Pharao: Chamonixstr. 1 a. Diskothek. Do–Sa 21–3 Uhr.

Billy's Night Club: Bahnhofstr. 15. Diskothek mit Varieté Shows. Di–Sa 21–4 Uhr.

Post-Taverna: Ludwigstr. 49. Vinothek mit Jazzkonzerten an Donnerstagen.

NOTRUFNUMMER
Die europäische Notrufnummer ist 112, in Deutschland auch im Festnetz. Im Ausland nur über Mobiltelefon. Die Anrufe werden dann an die landesübliche Notrufnummer weitergeleitet.

RAFTING/KAJAK
Isar: Der Isarabschnitt im Hinterautal (Jagdhaus Hubertus bis nach Scharnitz) weist Schwierigkeiten von II bis III auf. Bootstransporte in dem für den privaten Kfz-Verkehr gesperrten Tal organisiert Karwendel-Taxi Mair, Tel. 0043/5213/53 63. Wer es gemächlicher angehen möchte, dem empfehle ich, nördlich des Sylvensteinspeichers in die Isar einzusteigen. Hier ist in der Regel ein normales Schlauchboot ausreichend.

Rißbach: Der obere Abschnitt zwischen Hagelhütten und Hinterriß weist keine allzu großen Schwierigkeiten auf. Wirkliche Kajakspezialisten finden höchste Anforderungen auf dem Klamm-

Der Rißbach ist bei Kajak-fahrern sehr beliebt.

abschnitt zwischen Hinter- und Vorderriß. Achtung: Hier ist eine Stelle unbefahrbar und muss umgangen werden.

Inn: Vom Kirchplatzl (Leutasch) fährt von Mai bis Oktober ein Raftingbus jeweils mittwochs um 10 Uhr nach Silz (Inntal). Dort wird umgekleidet, und es geht weiter zur Imster Schlucht. Buchung: Tourismusverband Leutasch am Kirchplatzl.

REITEN

Achenkirch: Reitstall Tscharnuter, Tel. 0043/664/1 01 13 92. Das sich am Nordende des Achensees fortsetzende weite Tal eignet sich gut zum Ausreiten. Ungeübte können vor den ersten Versuchen Reitstunden in der Halle nehmen.

Leutasch: Tschapers Reitstall, Platzl 106, Tel. 0043/5212/63 66. Der grüne Talboden der Leutasch bietet hervorragendes Gelände, um die Bergwelt von einem Pferderücken aus zu genießen. Reitlehrer stehen für Ungeübte zur Verfügung.

RESTAURANTS

Garmisch-Partenkirchen:
Alpenhof: Am Kurpark 10, Tel. 08821/5 90 55. Kinderfreundliches Lokal mit bayerischen und vegetarischen Spezialitäten; kein Ruhetag.
Bräustüberl Garmisch-Partenkirchen: Fürstenstr 23, Tel. 08821/23 12. Traditionelle Küche mit Biergarten und Bauerntheater; kein Ruhetag.
Pizzeria Renzo: Rathausplatz 6,

Tel. 08821/41 71. Wunderbar knusprige Holzofenpizza sowie italienische Spezialitäten. Zwar an der viel befahrenen Hauptstraße, dafür äußerst verkehrsgünstig gelegen; kein Ruhetag.

Hinterriß:
Gasthaus zur Post: Tel. 0043/5245/206, Internet: www.post-hinterriss.at. Mitglied der Angebotsgruppe Tiroler Wirts-

haus. Bekannt für Wildspezialitäten und Fischgerichte (eigene Fischzucht). Mehlspeisen und Kuchen ebenfalls hausgemacht und täglich frisch. Im Sommer kein Ruhetag (Mai–Oktober).

Krün:
Schöttlkarspitz: Karwendelstr. 10, Tel. 08825/20 05. Traditionsreicher Gasthof im Ortszentrum von Krün mit bayerischen Gerichten aus eigener Metzgerei sowie Wild- und Fischspezialitäten.

Leutasch:
Gasthof zur Brücke: Burggraben 257, Tel. 0043/5214/69 30, Mittwoch Ruhetag. Gemütliche Wirtschaft am Beginn des Leutaschtals mit traditionellen Gerichten. Gute Portionen zu angemessenen Preisen.

Mittenwald:
Alpengasthof Gröblalm: Gröblam 1+2, Tel. 08832/91 10. Aussichtsreiche Lage etwas oberhalb des Orts. Spezialität: Windbeutel sowie Schnäpse aus eigener Brennerei; Montag Ruhetag.
Tonihof: Buckelwiesen 3, 82418 Mittenwald, Tel. 08823/503. Landhotel

und -gasthof in absoluter Alleinlage. Von der Aussichtsterrasse sind angeblich 98 Berggipfel zu identifizieren – viel Spaß dabei!

Pertisau:
Gasthof Dorfwirt: Pertisau 31 a, Tel. 0043/5243/58 86. Uriges Restaurant beim alten Ortskern von Pertisau mit Tiroler Spezialitäten.

Scharnitz:
Goldener Adler: Innsbruckerstr. 123, Tel. 0043/5213/52 39. Traditionsreiche Gaststätte in schön renoviertem Ambiente mit empfehlenswerter Tiroler Küche; Dienstag Ruhetag.
Wiesenhof: Hinterautalstr. 283, Tel. 9943/5213/53 80. Einsam gelegener Gasthof am Beginn des Hinterautals. Nach dem Wandern schmecken hier vor allem die täglich frischen Forellen und der hausgemachte Kuchen. Mit eigenem Kinderspielplatz und Liegewiese; Mittwoch Ruhetag.

Vorderriß:
Alpengasthof Post: Tel. 08045/227. Schöner Biergarten mit guter bayerischer Küche am Beginn des Rißtals.

SCHWIMMBÄDER

Alpenbad Leutasch: Weidach, A 6105 Leutasch, Tel. 0043/5214/63 80. Hallenbad mit Riesenrutsche, Freigelände und Erlebnis-Saunalandschaft. Geöffnet täglich 9:30–22 Uhr, Betriebsurlaub und Ruhetage auf Anfrage.

Alpspitz Wellenbad: Klammstr. 47, Garmisch-Partenkirchen (direkt neben dem Olympia-Eissport-Zentrum), Tel. 08821/75 33 13. Hallen-, Wellen- und Freibad mit Sauna. Betriebszeiten: Mo–Fr 9–21 Uhr, Sa, Sa, feiertags 9–19 Uhr.

Familienbad Tiroler Zugspitzarena: Hauptstr. 21, Ehrwald, Tel. 0043/5673/27 18. Mit Kinderbecken, Wasserrutsche, Dampfbad und Sauna. Betriebszeiten: täglich 10–20:30 Uhr (Vor- und Nachsaison 13–20:30 Uhr).

TAUCHEN

Achensee: Tauchschule Austria, Tel. 0043/676/4 20 97 17. In dem steil abfallenden und daher zum Tauchen geeigneten Achensee werden Tauchkurse (und -scheine) bis 40 Meter Tiefe angeboten.

UNTERKÜNFTE

Achenkirch:

Ferienwohnung Stiedlhof: A-6215 Achenkirch 19, Tel./Fax 0043/5246/64 32, E-Mail: stiedl-hof@utanet.at. Ferienwohnungen mit eigener Liegewiese am See direkt am Ausgangspunkt zur Seekarspitze. Hofeigene Bioprodukte erhältlich.

Pension Seeblick: A-6215 Achenkirch, Tel./Fax 0043/5246/62 55, E-Mail robert.lentner@utanet.at. Am Rande schöner Wiesen und dennoch nicht weit vom Ortszentrum gelegene Frühstückspension.

Fall:

Jäger von Fall: Ludwig von Ganghofer Str. 8, 83661 Lenggries-Fall, Tel. 08045/130, Fax 08045/1 32 22, E-Mail: jaeger-von-fall@t-online.de, Internet: www.jaeger-von-fall.de. Seminar- und Ferienhotel (drei Sterne) mit eigenem Hochseilgarten. Outdooraktivitäten wie Isar-Rafting oder Fackelwanderungen werden angeboten.

Garmisch-Partenkirchen:

Bichlerhof am Hausberg: Am Hausberg 10, 82467 Garmisch-Partenkirchen, Tel. 08821/17 69, Fax 08821/75 21 59, E-Mail: Bichlerhof@oberland.net. Ferien auf dem Bauernhof etwas oberhalb von Garmisch.

Hotel Schell: Partnachauenstr. 3, 82467 Garmisch-Partenkirchen, Tel. 08821/9 57 50, Fax 08821/95 75 40, E-Mail: hotel-schell@hotel-schell.de. Zentral gelegen und dennoch große Liegewiese mit Blick auf die Berge.

Das alte Ortszentrum von Garmisch

Gästehaus Höflebauer: Höfle 5, 82467 Garmisch-Partenkirchen, Tel. 08821/5 13 28. Einsam gelegene Ferienwohnungen in schönem Bauernhaus mit Bergblick.

Gästehaus Sonnenblume: Höllentalstr. 36, 82467 Garmisch-Partenkirchen, Tel. 08821/42 85, Fax 08821/75 21 24, E-Mail: gaestehaus-sonnenblume@t-online.de. Liebevoll eingerichtete Zimmer in schönem alten Landhaus; zentral aber ruhig gelegen.

Post Hotel Partenkirchen: Ludwigsstr. 49, 82467 Garmisch-Partenkirchen, Tel. 08821/9 36 30, Fax 08821/93 63 22 22, E-Mail: info@post-hotel.de. Traditionsreiches, da über 500 Jahre altes Hotel im historischen Zentrum Partenkirchens. Sogar König Ludwig II. nächtigte schon hier.

Ehrwald:

Hotel Sonnenspitze: Kirchplatz 14, A-6632 Ehrwald, Tel. 0043/5673/2 20 80, Fax 0043/5673/2 20 84 40, E-Mail: sonnenspitze@netway.at. In der Ortsmitte von Ehrwald gelegenes, traditionsreiches Drei-Sterne-Hotel mit eigenem Hallenbad.

Haus Wiesenheim: Hölzli 13, A-6632 Ehrwald, Tel./Fax 0043/5673/24 57. Direkt auf Wiesen unterhalb des Zugspitzmassivs gelegene Frühstückspension. Geführte Wanderungen im Preis inbegriffen.

Zugspitzhotel Diana Thörle: Zugspitzstraße 277, A-6632 Ehrwald, Tel. 0043/5673/26 58, Fax 0043/5673/26 58 41, E-Mail: info@thoerle.com. Sehr empfehlenswertes, familiär geführtes Drei-Sterne-Hotel. Ruhig auf dem Weg zur Zugspitzbahn gelegen. Eine besonders nette Idee (nicht nur für Schlechtwetter): Gaudikochkurse mit Koch und Inhaber Erich Stoll.

Grainau:

Eibsee Hotel: Am Eibsee 1-3, 82491 Grainau/Eibsee, Tel. 08821/98 81-0, Fax 08821/98 81-300, E-Mail: info@eibsee-hotel.de. Luxuriöses Vier-Sterne-Hotel mit schönen Balkonen zum Eibsee. Eigener Hochseilgarten.

Hinterriß:

Gasthaus zur Post: A -6215 Hinterriß 10, Tel. 0043/5245/206, E-Mail: post-hinterriss@nextra.at, Internet: www.post-hinterriss.at.

Guter Stützpunkt für Touren im Rißtal mit eigenem Rot- und Gamswildgehege sowie einer Sauna mit Abkühlung im Rißbach. Ganzjährig geöffnet.

Krün:
Zum Bad: Bärnbichl 22, 83494 Krün, Tel. 08825/20 06, Fax 08825/24 97. Aussichtsreich gelegenes Drei-Sterne-Hotel mit Sauna, Solarium und eigenem Badeweiher.
Sonnenwinkl am Barmsee: Am Barmsee 12, 82494 Krün, Tel. 08825/20 34, Fax 08825/879, E-Mail: barmseekriner@t-online.de. Fünf Gehminuten vom Barmsee entfernte familiäre Pension mit schönem Bergblick.

Leutasch:
Bio-Hotel Monika: Weidach 347, A-6105 Leutasch, Tel. 0043/5214/62 88, Fax 0043/5214/62 88 15, E-Mail: monika.leutasch@utanet.at. Nichtraucherhaus mit Biofrühstück, römischer Sauna sowie Magnetfeldtherapie.
Liedlhof: Platzl 101a, A-6105 Leutasch, Tel./Fax 0043/5214/66 54, E-Mail: info@liedlhof.at. Ferienwohnungen in freier, aussichtsreicher Lage. Am benachbarten 500 Jahre alten Bauernhof gibt es ein eigenes Hofmuseum sowie Reitmöglichkeiten.

Mittenwald:
Hotel Lautersee: Am Lautersee 1, 82418 Mittenwald, Tel. 08823/10 17, Fax 08823/52 46, E-Mail: info@hotel-lautersee.de. Direkt am Seeufer gelegen mit zusätzlichem Ferienwohnungsangebot.
Tonihof: Buckelwiesen 3, 82418 Mittenwald, Tel. 08823/503, E-Mail: info@hotel-tonihof.de. Aussichtsreich und ruhig gelegenes Landhotel mit eigenem Panorama-Hallenbad.
Mayerhof: Buckelwiesen 8, 82481 Mittenwald, Tel. 08823/12 20, Fax 08823/85 81. Recht günstiger Familienbetrieb. Direkt auf den Buckelwiesen gelegen mit Rundumsicht auf Karwendel und Wetterstein.

Pertisau:
Alpengasthof Gramai: A-6213 Pertisau, Tel./Fax 0043/5234/51 66, E-Mail: info@gramaialm.at, Internet: www.gramaialm.at. Geöffnet von Anfang Mai bis Ende Oktober. Zwar recht großer

Die Pleisen-hütte ist an Wochenen-den das ganze Jahr über bewirt-schaftet.

Baukörper, dafür aber im wunderschönen Talschluss des Falz-thurntals gelegen.

Der Wiesenhof: A-6213 Pertisau, Tel. 0043/5243/52 46, Fax 0043/5243/52 46 48, E-Mail: info@wiesenhof.at. Unweit des Sees gelegenes Vier-Sterne-Hotel für ausgesprochene Wasserrat-ten: »Karwendel-Therme« mit 15 verschiedenen Formen von Wasser- und Wärmebädern (z. B. Steinölbad).

Scharnitz:
Gästehaus Venier: Auweg 290, A-6180 Scharnitz, Tel. 0043/ 5213/53 95. Gemütlicher Familienbetrieb am Beginn des Hinter-autals direkt an der Isar.

Vorderriß:
Alpengasthof Post: 83661 Lenggries-Vorderriß, Tel. 08045/227, Fax 08045/10 13. Traditionsreicher Betrieb, verkehrstechnisch günstig am Beginn des Rißtals gelegen mit günstigen Übernach-tungsmöglichkeiten im Matratzenlager.

WEITWANDERN
Der Europäische Fernwanderweg E 4a (a für alpin) Pyrenäen – Neusiedler See – Kreta durchquert das Wetterstein- und Karwen-delgebirge von West (Ehrwald) nach Ost (Pertisau). Man berührt ihn auf den Touren 7, 9, 25, 26, 28 und natürlich auf der Durch-querung 35.

REGISTER

KARWENDEL UND WETTERSTEIN

TOUREN KARTEN

Zum Heraustrennen

BRUCKMANN

1 Auf die Aussichtskanzel der Kramerspitz

Etappen: Untergrainau – Stepbergalm – Kramerspitz – Gasthaus St. Martin – Bahnhof Garmisch

- mittel
- 13 km
- 6 Std.
- ↑ 1250 m ↓ 1250 m

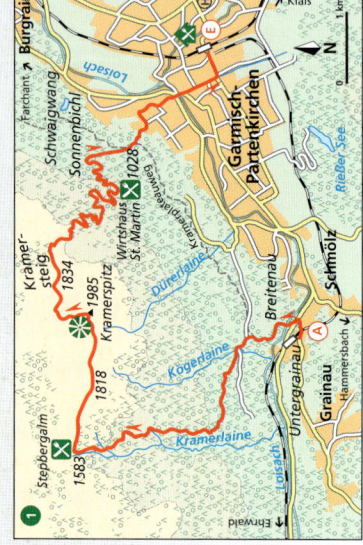

Ausgangspunkt: Zughaltestelle Untergrainau.
Endpunkt: Bahnhof Garmisch-Partenkirchen.
Wanderkarte: UK L 31 »Werdenfelser Land«, 1:50 000, Bayerisches Landesvermessungsamt.
Markierung: 261, 255, 262.
Verkehrsanbindung: Mit dem Auto: Auf der A 95 nach Garmisch, dann auf B 2 und B 23 Richtung Ehrwald/Reutte. Hinter Garmisch links nach Grainau und an der Zughaltestelle Untergrainau parken. Mit dem Zug (zu empfehlen): Von München mit dem Zug nach Garmisch und hier in die Außerfernbahn Richtung Reutte.
Einkehr: Stepbergalm, Mitte Juni bis Mitte Oktober; Gasthaus St. Martin, Tel. 08821/49 70, ganzjährig ohne Ruhetag.
Unterkunft: Hotels und Pensionen in Garmisch-Partenkirchen.
Tourist-Info: Garmisch-Partenkirchen.

Wandenkompakt
Karwendel und Wetterstein
Bruckmann

2 Rundwanderung um den Eibsee

Etappen: Hotel Eibsee – Bucht am Westende – Untersee – Hotel Eibsee

- leicht
- 8 km
- 2 Std.
- ↑ 100 m ↓ 100 m
- ☺ ja

Ausgangs-/Endpunkt: Großparkplatz an der Ostseite des Eibsees.
Wanderkarte: UK L 31 »Werdenfelser Land«, 1:50 000, Bayerisches Landesvermessungsamt.
Markierung: Wegweiser und »E1«.
Verkehrsanbindung: Mit dem Auto: Auf der A 95 nach Garmisch, dann auf B 2 und B 23 Richtung Ehrwald/Reutte. Hinter Garmisch links nach Grainau/Eibsee. Nun immer geradeaus bis zum Großparkplatz am Eibsee. Von München mit dem Zug nach Garmisch und hier in die Bayerische Zugspitzbahn bis Haltestelle Eibsee.
Einkehr: Eibsee Pavillon, ganzjährig offen außer November bis Weihnachten; kein Ruhetag.
Unterkunft: Hotel Eibsee sowie Pensionen in Grainau und Garmisch.
Tourist-Info: Garmisch-Partenkirchen.

Wandenkompakt
Karwendel und Wetterstein
Bruckmann

3 Durch die Höllentalklamm

Etappen: Hammersbach – Klamm – Höllentalanger – Klamm – Hammersbach

leicht

10 km

4 Std.

↑ 600 m
↓ 600 m

ja

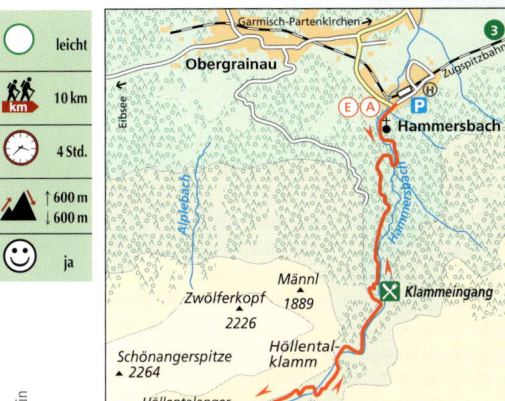

Ausgangs-/Endpunkt: Zughaltestelle bzw. Parkplatz in Hammersbach.
Wanderkarte: UK L 31 »Werdenfelser Land«, 1:50 000, Bayerisches Landesvermessungsamt.
Markierung: 831a, rote Punkte.
Verkehrsanbindung: Mit dem Auto: Von München über A 95 und B 2 Richtung Garmisch-Partenkirchen und hier in Richtung Ehrwald/ Reutte abbiegen. Kurz nach dem Ortsende von Garmisch links zum Ortsteil Hammersbach. Mit dem Zug: Von München direkt nach Garmisch. Hier mit der Bayerischen Zugspitzbahn weiter bis Hammersbach.
Einkehr: Höllentalangerhütte.
Unterkunft: Höllentalangerhütte, (DAV), 1387 m, Tel. 08821/88 11, Mitte Mai bis Mitte Oktober.
Tourist-Info: Garmisch-Partenkirchen.

---

4 Über den Höllentalanger zur Riffelscharte

Etappen: Hammersbach – Höllentalklamm – Höllentalanger – Riffelscharte – Eibsee

anspr.

10 km

6 Std.

↑ 1450 m
↓ 1250 m

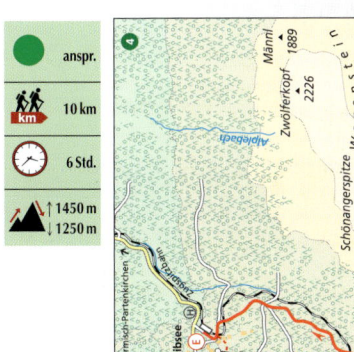

Ausgangspunkt: Zughaltestelle Hammersbach.
Endpunkt: Zughaltestelle Eibsee.
Wanderkarte: UK L 31 »Werdenfelser Land«, 1:50 000, Bayerisches Landesvermessungsamt.
Markierung: 831a, rote Punkte.
Verkehrsanbindung: Mit dem Auto: Von München über A 95 und B 2 Richtung Garmisch-Partenkirchen und hier in Richtung Ehrwald/Reutte abbiegen. Kurz nach dem Ortsende von Garmisch links zum Ortsteil Hammersbach. Mit dem Zug: Von München direkt nach Garmisch. Hier umsteigen in die Bayerische Zugspitzbahn und mit dieser bis Hammersbach.
Einkehr: Höllentalangerhütte (DAV), 1387m, Tel. 08821/88 11. Geöffnet Mitte Mai bis Mitte Oktober.
Unterkunft: Höllentalangerhütte sowie Pensionen in Grainau und Garmisch-Partenkirchen.
Tourist-Info: Garmisch-Partenkirchen.

5 Vom Osterfelderkopf auf die Alpspitze

Etappen: Osterfelderkopf – Alpspitz-Ferrata – Alpspitze – Nordwandsteig – Osterfelderkopf

anspr.

6 km

4 ¹/₂ Std.

↑ 550 m
↓ 550 m

Ausgangs-/Endpunkt: Bergstation am Osterfelderkopf.
Wanderkarte: UK L 31 »Werdenfelser Land«, 1:50 000, Bayerisches Landesvermessungsamt.
Markierung: Rote Punkte.
Verkehrsanbindung: Mit dem Auto: Auf der A 95 nach Garmisch und dann auf B 2 und B 23 Richtung Ehrwald/Reutte. Kurz vor dem Ortsende links dem Schild »Alpspitzbahn« folgen und dort parken. Mit

dem Zug: Von München Hbf zur vollen Stunde nach Garmisch. Vom Bahnhof mit Buslinie 1 oder 2 zur Alpspitzbahn.
Einkehr: Restaurant an der Bergstation am Osterfelderkopf, Tel. 08821/79 79 90. Bahnbetrieb im Sommer von Mai bis Oktober.
Unterkunft: Pensionen in Garmisch-Partenkirchen.
Tourist-Info: Garmisch-Partenkirchen.

6 Von der Partnachklamm auf den Schachen

Etappen: Skistadion – Partnachklamm – Schachen – Oberreintal – Partnachklamm

mittel

20 km

7–8 Std.

↑1100 m
↓1100 m

Ausgangs-/Endpunkt: Olympisches Skistadion Garmisch-Partenkirchen.
Wanderkarte: Topografische Karte »Werdenfelser Land«, 1:50 000, Bayerisches Landesvermessungsamt.
Markierung: Zuerst 834, dann 842 und 841. Abstieg 801.
Verkehrsanbindung: Auf der A 95 nach Garmisch und dort weiter Richtung Mittenwald. Vor dem Ortsende rechts abbiegen zum Skistadion. Mit dem Zug von München Hbf stündlich nach Garmisch. Von dort mit den Buslinien 1 und 2 zum Stadion.
Einkehr/Unterkunft: Schachenhaus (privat), 1866 m, Tel. 08821/29 96. Anfang Juni bis Anfang Oktober, an Wochenenden vorher reservieren.
Tourist-Info: Garmisch-Partenkirchen.

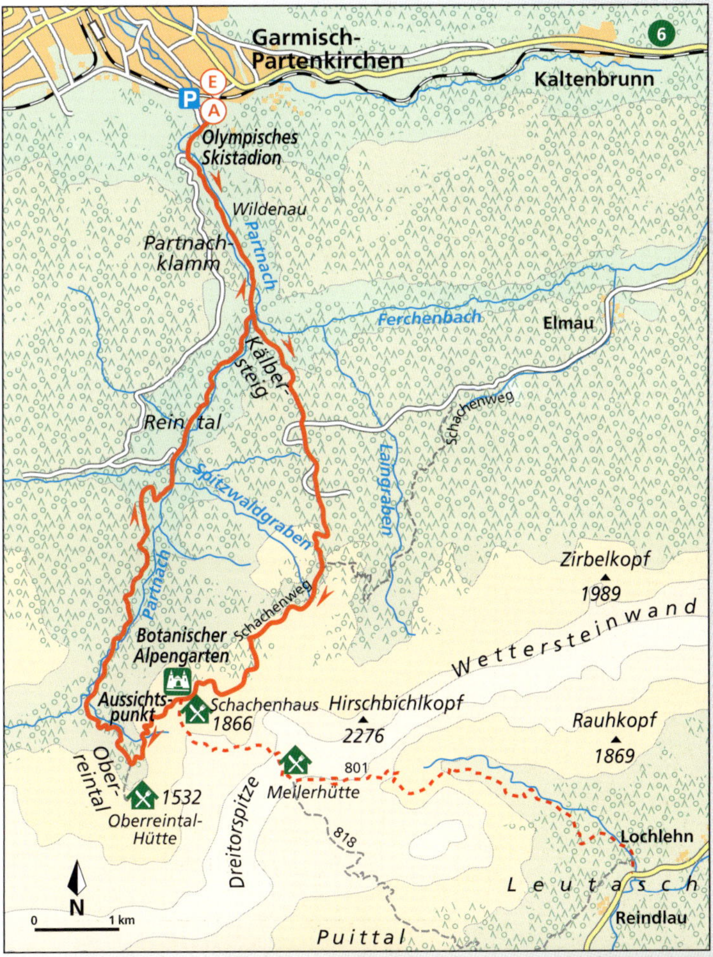

Wanderkompakt
Karwendel und Wetterstein
Bruckmann

7 Rundwanderung auf den Eckbauer

Etappen: Kainzenbad – Wamberg – Eckbauer – Kainzenbad

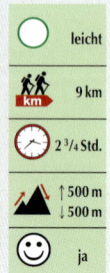

leicht

9 km

2 ³/₄ Std.

↑ 500 m
↓ 500 m

ja

Ausgangs-/Endpunkt: Parkplatz am Kainzenbad.
Wanderkarte: UK L 31 »Werdenfelser Land«, 1:50 000, Bayerisches Landesvermessungsamt.
Markierung: WB, W1, P5.
Verkehrsanbindung: Wie bei Wanderung 8. Von dort weiter über die Auenstraße zum Parkplatz am Kainzenbad.
Einkehr: Gasthaus Eckbauer, Tel. 08821/22 14, geöffnet von Mai bis Oktober.
Unterkunft: Garmisch-Partenkirchen.
Tourist-Info: Garmisch-Partenkirchen.

Wandernkompakt
Karwendel und Wetterstein
Bruckmann

8 Über das Gatterl auf die Knorrhütte

Etappen: Ehrwalder-Alm-Bahn – Ehrwalder Alm – Hochfeldernalm – Gatterl – Knorrhüttte

mittel

18 km

4 ¹/₂ Std.

↑ 1200 m
↓ 1200 m

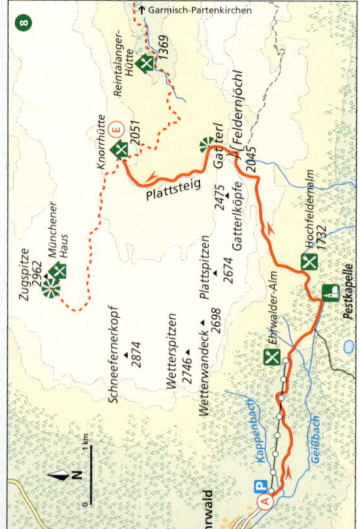

Ausgangspunkt: Ehrwalder-Alm-Bahn.
Endpunkt: Knorrhütte.
Wanderkarte: UK L 31 »Werdenfelser Land«, 1:50 000, Bayerisches Landesvermessungsamt.
Markierung: Gelbe Wegweiser sowie rote Punkte.
Verkehrsanbindung: Mit dem Auto: Auf der A 95 nach Garmisch und dann zuerst auf der B 2, dann auf der B 23 Richtung Ehrwald/Reutte nach Ehrwald. In der Ortsmitte links den Schildern bis zur Ehrwalder-Alm-Bahn folgen. Mit dem Zug: Von München bis nach Garmisch, hier umsteigen in die Außerfernbahn und bis Bahnhof Ehrwald (auf direkten Anschluss achten). Hier leider ungünstige Busanschlüsse, daher entweder mit dem Taxi oder zu Fuß (45 Min.) zur Ehrwalder-Alm-Bahn.
Einkehr: Hochfeldernalm, Tel. 0043/699/10 87 25 02; geöffnet Anfang Juni bis Mitte Oktober; Knorrhütte.
Unterkunft: Knorrhütte, 2051 m (DAV), Tel. 0173/3 78 82 80, Ende Mai bis Anfang Oktober geöffnet.
Tourist-Info: Ehrwald.

Wandernkompakt
Karwendel und Wetterstein
Bruckmann

9 Um und auf die Gehrenspitze

Etappen: Puitbach – Scharnitzjoch – Gehrenspitze – Scharnitzjoch – Wangalm – Kirchplatzl – Gasse – Puitbach

mittel

19 km

7 ½ Std.

↑ 1300 m
↓ 1300 m

Ausgangs-/Endpunkt: Leutasch, Ortsteil Puitbach. Parkplatz auf der linken Seite, kurz nach dem kleinen Bushaltestellenschild.
Wanderkarte: UK L 31 »Werdenfelser Land«, 1:50 000, Bayerisches Landesvermessungsamt.
Markierung: Rote Punkte.
Verkehrsanbindung: Mit dem Auto: Über die A 95 nach Garmisch und von dort auf der B 2 weiter nach Mittenwald. Durch den Ort fahren und am Ortsende rechts dem Schild »Leutasch« folgen. Immer auf der schmalen Hauptstraße entlang bis zum Ortsteil Puitbach. Mit dem Zug: Von München stündlich nach Mittenwald. Von hier in der Hochsaison mehrere Busse täglich in die Leutasch.
Einkehr: Wettersteinalm (DAV), 1951 m, ganzjährig bewirtschaftet, Tel. 0043/5214/66 88; Wangalm (privat), 1951 m, Tel. 0043/664/2 11 27 49, Anfang Juni bis Mitte Oktober.
Unterkunft: Wetterstein- und Wangalm sowie Pensionen in der Leutasch.
Tourist-Info: Leutasch.

10 Auf die Obere Wettersteinspitze

Etappen: Mittenwald – Ferchensee – Gamsanger – Obere Wettersteinspitze – Gamsanger – Ferchensee – Mittenwald

anspr.

16 km

7 ½ Std.

↑ 1400 m
↓ 1400 m

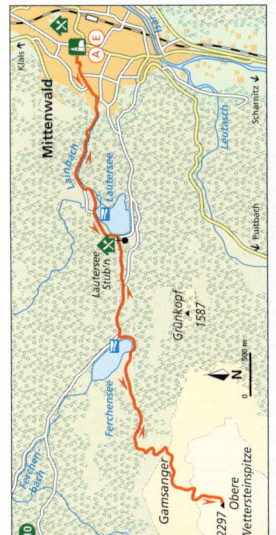

Ausgangs-/Endpunkt: Kirche St. Peter und Paul in Mittenwald.
Wanderkarte: UK L 31 »Werdenfelser Land«, 1:50 000, Bayerisches Landesvermessungsamt.
Markierung: Rote Punkte.
Verkehrsanbindung: Mit dem Auto: Über die A 95 nach Garmisch, auf der B 2 weiter nach Mittenwald. Im Ortszentrum parken. Mit dem Zug: Von München stündlich zum Mittenwalder Bahnhof. Von hier in wenigen Minuten zur Kirche St. Peter und Paul.
Einkehr: Lautersee Stub'n; Strandbad am Lautersee.
Unterkunft: Hotel Lautersee sowie Pensionen in Mittenwald.
Tourist-Info: Mittenwald.

11   Vom Barmsee zu den Buckelwiesen

Etappen: Klais – Grubsee – Barmsee – Buckelwiesen – Tonihof – Klais

leicht

12 km

3 ½ Std.

↑ 150 m
↓ 150 m

ja

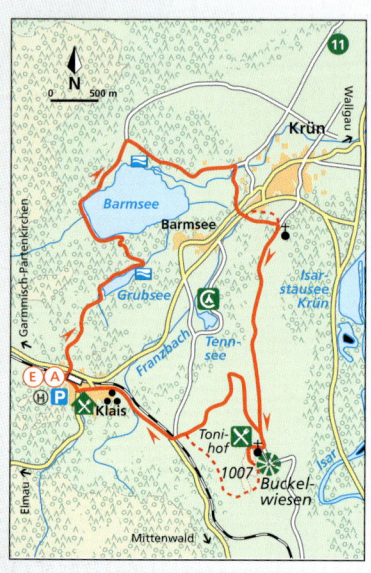

Ausgangs-/Endpunkt: Parkmöglichkeit kurz vor Klais hinter der Sunoil-Tankstelle.
Wanderkarte: UK L 31 »Werdenfelser Land«, 1:50 000, Bayerisches Landesvermessungsamt.
Markierung: Holzwegweiser.
Verkehrsanbindung: Mit dem Auto über die A 95 nach Garmisch. Von hier weiter auf der B 2 Richtung Mittenwald bis Klais. Kurz vor dem Ort links hinter der Sunoil-Tankstelle parken. Mit dem Zug: Von München über Garmisch-Partenkirchen direkt nach Klais.
Einkehr: Tonihof.
Unterkunft: Maierhof, Seilerhof sowie Pensionen in Klais.
Tourist-Info: Krün.

*Wandernkompakt
Karwendel und Wetterstein
Bruckmann*

---

12   Auf den Hohen Kranzberg

Etappen: Parkplatz beim Luttensee – Korbinianhütte – Gasthaus St. Anton – Hoher Kranzberg – Wildensee – Parkplatz

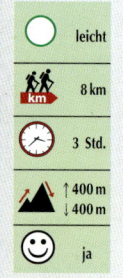

leicht

8 km

3 Std.

↑ 400 m
↓ 400 m

ja

Ausgangs-/Endpunkt: Parkplatz kurz vor dem Luttensee.
Wanderkarte: UK L 31 »Werdenfelser Land«, 1:50 000, Bayerisches Landesvermessungsamt.
Markierung: Wegweiser.
Verkehrsanbindung: Mit dem Auto über die A 95 nach Garmisch. Weiter auf der B 2 und rechts nach Mittenwald. Kurz vor Mittenwald scharf rechts Richtung Klais, bald (direkt nach Bahnunterführung) links bis zum großen Parkplatz.
Einkehr: Korbinianhütte, Tel. 08823/84 06, Freitag Ruhetag; Kranzberg-Gipfelhaus, Tel. 08823/15 91.
Unterkunft: Mittenwald.
Tourist-Info: Mittenwald.

*Wandernkompakt
Karwendel und Wetterstein
Bruckmann*

13 Von Scharnitz auf die Große Arnspitze

Etappen: Scharnitz – Arnspitzhütte – Große Arnspitze – Scharnitz

mittel

10 km

5 ½ Std.

↑ 1250 m
↓ 1250 m

Ausgangs-/Endpunkt: Scharnitz.
Wanderkarte: UK L 31 »Werdenfelser
Land«, 1:50 000, Bayerisches Landesver-
messungsamt.
Markierung: Rote Punkte.
Verkehrsanbindung: Mit dem Auto über
die A 95 nach Garmisch. Weiter auf der
B 2, an Mittenwald vorbei nach Scharnitz.
Mit dem Zug direkt von München über
Garmisch und Mittenwald nach Schar-
nitz.
Einkehr: Unterwegs keine.
Unterkunft: Pensionen in Scharnitz.
Tourist-Info: Scharnitz.

14 Rundwanderung auf die Schöttelkarspitze

Etappen: Krün – Seinskopf – Schöttelkarspitze – Soiernhäuser – Fischbachalm – Krün

mittel

17 km

5 ¾ Std.

↑ 1200 m
↓ 1200 m

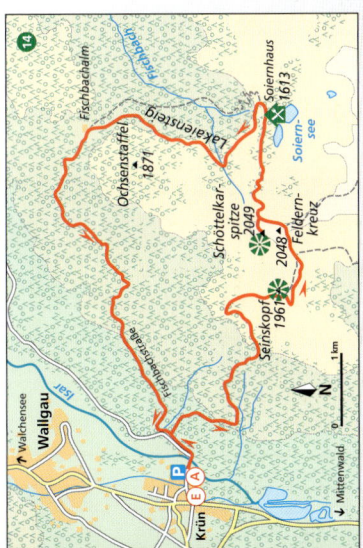

Ausgangs-/Endpunkt: Wanderparkplatz
bei der Soiernstraße in Krün.
Wanderkarte: WK 323 »Karwendel –
Mittenwald«, 1:50 000, Freytag & Berndt.
Markierung: Rote Punkte.
Verkehrsanbindung: Über die A 95 nach
Garmisch und auf der B 2 weiter Rich-
tung Mittenwald. Der Beschilderung
»Krün« folgend bis kurz vor die Orts-
mitte. Hier vor Kirche rechts in die
Soiernstraße bis zu einer Gabelung. Von
dort ausgeschildert zum Wanderpark-
platz.
Einkehr/Unterkunft: Soiernhaus (DAV),
Tel. 0171/5 46 58 58, Mitte Mai bis Mitte
Oktober bewirtschaftet.
Tourist-Info: Krün.

15 Auf dem Mittenwalder Klettersteig

Etappen: Karwendelbahn – Linderspitze – Tiroler Hütte – Scharnitz

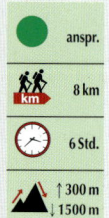

anspr.

8 km

6 Std.

↑ 300 m
↓ 1500 m

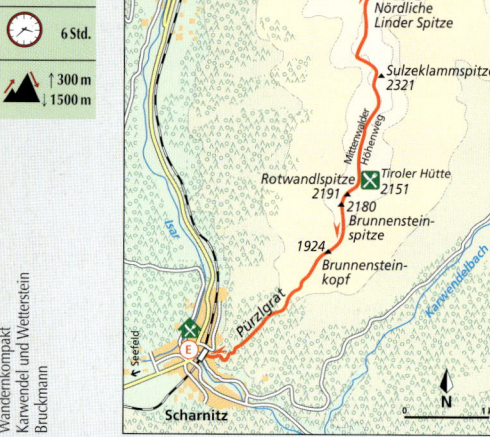

Ausgangspunkt: Bahnhof Mittenwald.
Endpunkt: Bahnhof Scharnitz.
Wanderkarte: WK 323 »Karwendel –
Mittenwald«, 1:50 000, Freytag & Berndt.
Markierung: Rote Punkte, zum Schluss
27.
Verkehrsanbindung: Mit dem Auto über
die A 95 nach Garmisch. Von hier weiter
auf der B 2 nach Mittenwald. Mit dem
Zug: Von München über Garmisch direkt
nach Mittenwald.
Einkehr: Tiroler Hütte, geöffnet Anfang
Juni bis Ende Oktober bei Schönwetter,
Tel. 0179/4 53 00 65, keine Übernach-
tungsmöglichkeit.
Unterkunft: Pensionen in Mittenwald
oder Scharnitz.
Tourist-Info: Mittenwald.

---

16 Über den Reitsteig auf das Grasköpfl

Etappen: Rißbach – Wiesbauern-Hochleger – Grasköpfl – Wiesbauern-Hochleger –
Rißbach

leicht

11 km

4 ½ Std.

↑ 950 m
↓ 950 m

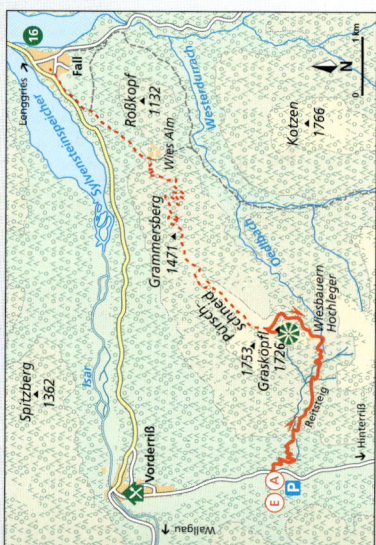

Ausgangs-/Endpunkt: Parkbucht 2,5 km
südlich von Vorderriß.
Wanderkarte: WK 323 »Karwendel –
Mittenwald«, 1:50 000, Freytag & Berndt.
Markierung: Rote Punkte.
Verkehrsanbindung: Mit dem Auto: Von
München über Bad Tölz und Lenggries
zum Sylvensteinspeicher. Hier rechts
nach Vorderriß und weiter Richtung Hin-
terriß. Nach 2,5 km auf der in Fahrtrich-
tung linken Seite parken.
Einkehr: Unterwegs keine.
Unterkunft: Gasthof Zur Post, Vorderriß.
Tourist-Info: Lenggries.

17 Über die Moosenalm auf den Schafreuter

Etappen: Oswaldhütte – Moosenalm – Schafreuter – Tölzer Hütte – Parkplatz am Leckbach

mittel

12 km

5 Std.

↑ 1300 m
↓ 1300 m

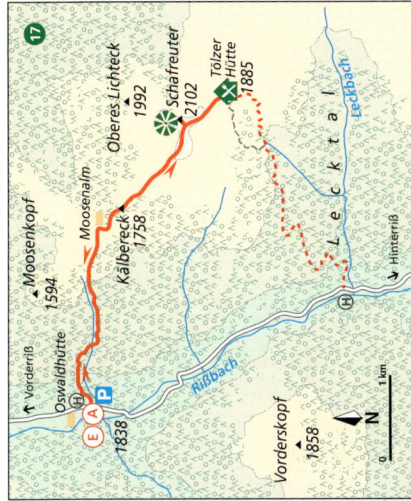

Ausgangspunkt: Parkplatz bei der Oswaldhütte.
Endpunkt: Parkplatz am Leckbach.
Wanderkarte: WK 323 »Karwendel – Mittenwald«, 1:50 000, Freytag & Berndt.
Markierung: Rote Punkte.
Verkehrsanbindung: Mit dem Auto: Von München über Bad Tölz und Lenggries zum Sylvensteinspeicher. Hier rechts nach Vorderriß und weiter Richtung Hinterriß bis zum Parkplatz hinter der Oswaldhütte. Mit dem Zug: An Hochsaison-Wochenenden mit der BOB bis Lenggries und von dort weiter mit dem Bergsteigerbus in die Eng, Haltestelle Oswaldhütte.
Einkehr/Unterkunft: Tölzer Hütte (DAV), Tel. 0043/664/1 80 17 90, Mitte Mai bis Mitte Oktober.
Tourist-Info: Lenggries.

Wandernkompakt
Karwendel und Wetterstein
Bruckmann

18 Über die Grasbergalm auf die Fleischbank

Etappen: Kreuzbrücke – Grasbergalm – Fleischbank – Rißbach

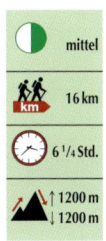

mittel

16 km

6 ¼ Std.

↑ 1200 m
↓ 1200 m

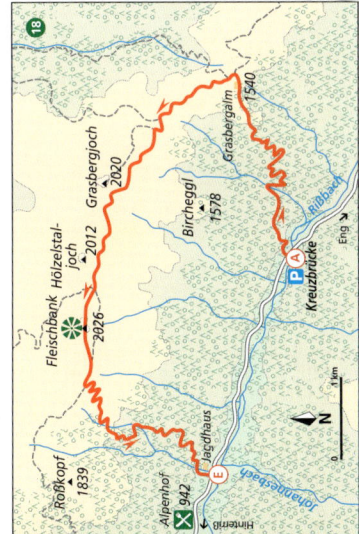

Ausgangspunkt: Parkplatz Nr. 5 an der Kreuzbrücke.
Endpunkt: Jagdhaus gegenüber Johannestal.
Wanderkarte: WK 323 »Karwendel – Mittenwald«, 1:50 000, Freytag & Berndt.
Markierung: Rote Punkte.
Verkehrsanbindung: Mit dem Auto: Von München über Bad Tölz und Lenggries zum Sylvensteinspeicher. Hier nach rechts und über Vorder- nach Hinterriß. Weiter auf der Mautstraße ins Rißtal zu Parkplatz 5. Mit dem Zug: Von München mit der BOB direkt nach Lenggries. Von hier an Hochsaison-Wochenenden weiter mit dem Bergsteigerbus in die Eng bis Haltestelle »Einstieg Laliderer Tal« und von hier zu Fuß 1,5 km zurück zur Kreuzbrücke. Rückfahrt von Haltestelle »Alpenhof«.
Einkehr: Unterwegs keine.
Unterkunft: Hinterriß.
Tourist-Info: Besucherzentrum Karwendel in Hinterriß.

Wandernkompakt
Karwendel und Wetterstein
Bruckmann

19 Über das Plumsjoch auf das Satteljoch

Etappen: Hagelhütten – Plumsjoch – Satteljoch – Hasentalalm – Hagelhütten

mittel

12 km

4 ¾ Std.

↑ 860 m
↓ 860 m

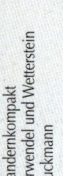

Wanderkompakt
Karwendel und Wetterstein
Bruckmann

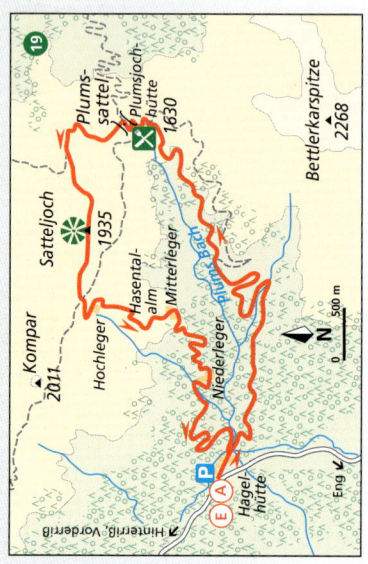

Ausgangs-/Endpunkt: Parkplatz bei den Hagelhütten
Wanderkarte: WK 323 »Karwendel – Mittenwald«, 1:50 000, Freytag & Berndt.
Markierung: Rote Punkte, zum Teil unmarkiert.
Verkehrsanbindung: Mit dem Auto: Von München über Bad Tölz und Lenggries zum Sylvensteinspeicher. Hier rechts über Vorder- nach Hinterriß. Weiter auf der Mautstraße zum Parkplatz bei den Hagelhütten. Mit dem Zug: Von München mit der BOB direkt nach Lenggries. Von hier an Wochenenden weiter mit dem Bergsteigerbus in die Eng.
Einkehr: Plumsjochhütte, Mitte Mai bis Ende Oktober.
Unterkunft: Gasthöfe in der Eng, Hinter- und Vorderriß.
Tourist-Info: Vomp.

20 Vom Sylvensteinspeicher zum Demeljoch

Etappen: Straße Sylvensteinspeicher–Achensee – Schürpfeneck – Dürrnbergjoch – Demeljoch

mittel

15 km

4 ¾ Std.

↑ 1300 m
↓ 1300 m

Wanderkompakt
Karwendel und Wetterstein
Bruckmann

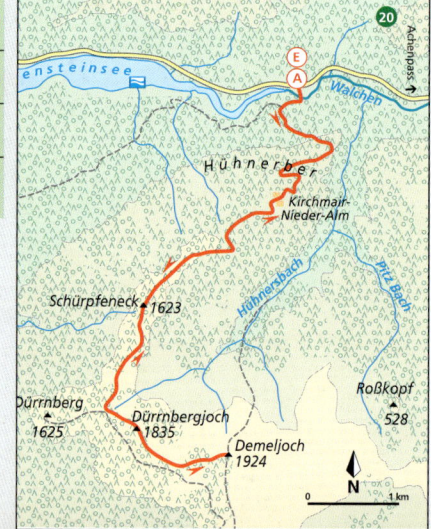

Ausgangs-/Endpunkt: Parkstreifen an rotweißer Schranke, 3,7 km westlich des Sylvensteinspeicher-Staudammes.
Wanderkarte: WK 323 »Karwendel – Mittenwald«, 1:50 000, Freytag & Berndt.
Markierung: Rote Punkte.
Verkehrsanbindung: Mit dem Auto von München über Bad Tölz und Lenggries zum Sylvensteinspeicher-Staudamm. Hier Richtung Achensee abbiegen und nach 3,7 km an der rechten Straßenseite parken.
Einkehr: Unterwegs keine.
Unterkunft: Jäger von Fall.
Tourist-Info: Lenggries.

21 Von Pertisau nach Achenkirch

Etappen: Pertisau – Gaisalm – Achenkirch

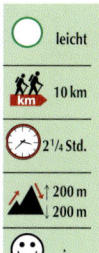

○ leicht

🏃 10 km

🕐 2¼ Std.

⛰ ↑ 200 m
↓ 200 m

☺ ja

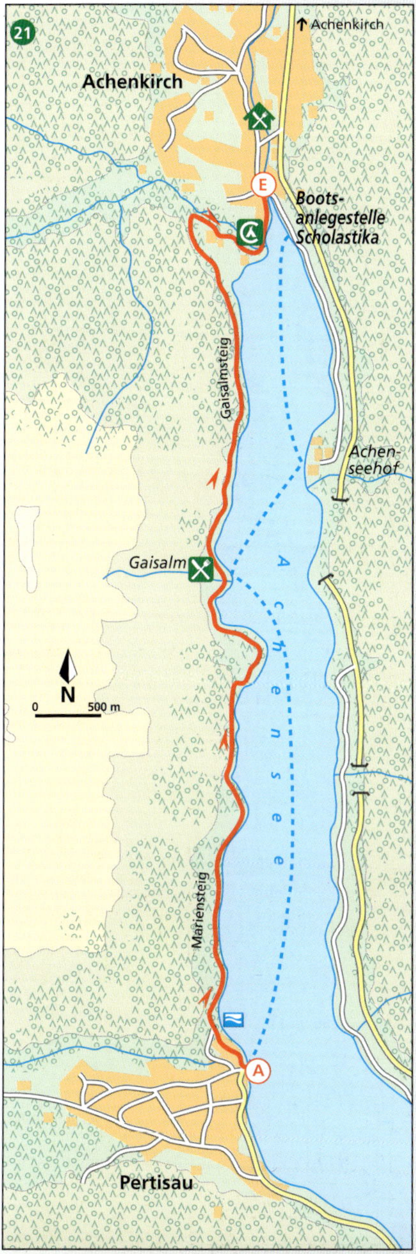

Ausgangspunkt: Bootsanlegestelle Pertisau.
Endpunkt: Bootsanlegestelle Scholastika.
Wanderkarte: WK 323 »Karwendel – Mittenwald«, 1:50 000, Freytag & Berndt.
Markierung: Beschilderung.
Verkehrsanbindung: Auf der A 8 bis Ausfahrt Holzkirchen und weiter über Gmund, Tegernsee und die B 307 Richtung Achensee. An der Ausfahrt »Achenkirch Süd« rechts abzweigen und der Hauptstraße bis vor eine Telefonzelle folgen. Hier links bis zur Anlegestelle »Scholastika«. Mit dem Schiff nach Pertisau. Betrieb vom 11.5. bis 27.10. In der Hochsaison ab Anlegestelle Scholastika von 9:55 Uhr an stündlich, in der Nebensaison alle zwei Stunden ab 10:55 Uhr.
Einkehr: Gaisalm, täglich von Mai bis Oktober.
Unterkunft: Pensionen in Achenkirch.
Tourist-Info: Achenkirch.

22 Von der Seekarspitze zur Seebergspitze

Etappen: Achenkirch – Seekaralm – Seekarspitze – Seebergspitze – Pasillalm – Achenkirch

mittel

13 km

6 1/2 Std.

↑1300 m
↓1300 m

Ausgangs-/Endpunkt: Kleiner Wanderparkplatz südlich von Achenkirch.
Wanderkarte: WK 323 »Karwendel – Mittenwald«, 1:50 000, Freytag & Berndt.
Markierung: Rote Punkte.
Verkehrsanbindung: Auf der A 8 bis Ausfahrt Holzkirchen und weiter über Gmund, Tegernsee und die B 307 in Richtung Achensee. An der Ausfahrt »Achenkirch Süd« rechts ab und der Hauptstraße bis vor eine Telefonzelle folgen. Hier nach rechts und auf der schmalen Teerstraße (bei Gabelung auf Wiese links halten) bis zum Parkplatz am Waldrand.
Einkehr: Seekaralm, Mitte Juni bis Mitte Oktober bewirtschaftet.
Unterkunft: Pensionen in Achenkirch.
Tourist-Info: Achenkirch.

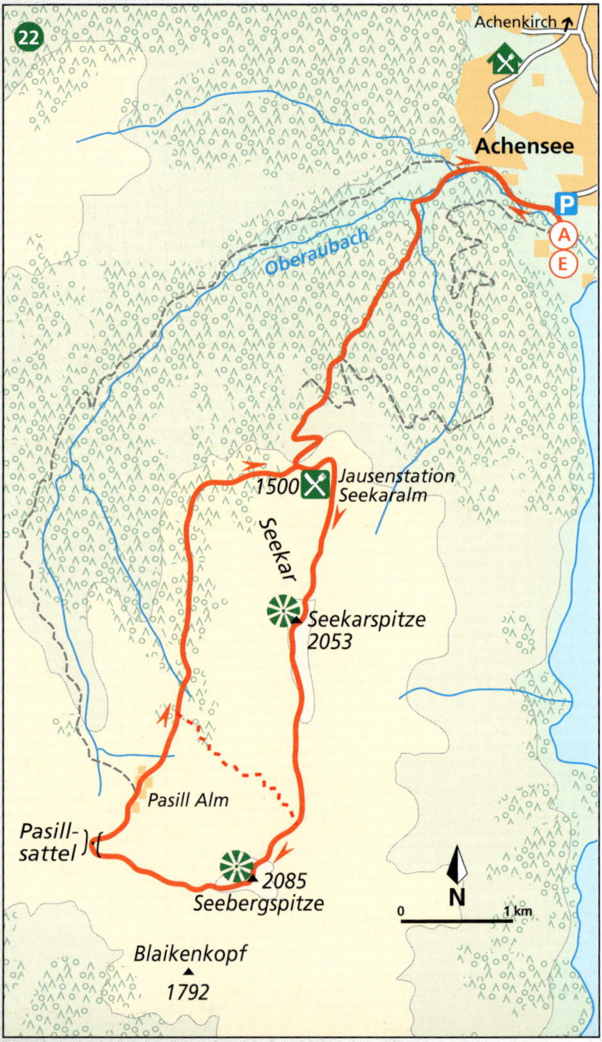

Wanderkompakt
Karwendel und Wetterstein
Bruckmann

anspr.

20 km

10 Std.

↑ 2000 m
↓ 900 m

Ausgangspunkt: Bahnhof Scharnitz.
Endpunkt: Karwendelhaus.
Wanderkarte: WK 323 »Karwendel – Mittenwald«, 1:50 000, Freytag & Berndt.
Markierung: Zuerst 221/224, dann rote Punkte.
Verkehrsanbindung: Mit dem Auto: Über die A 95 nach Garmisch. Von hier weiter auf der B 2 an Mittenwald vorbei nach Scharnitz. Mit dem Zug: Von München über Garmisch und Mittenwald direkt nach Scharnitz.
Einkehr: Pleisenhütte, Karwendelhaus.
Unterkunft: Pleisenhütte (privat), 1757 m, Anfang Juni bis Mitte Oktober sowie an Wochenenden ganzjährig, Tel. 0043/664/9 15 87 92; Karwendelhaus (DAV), 1771 m, Anfang Juni bis Mitte Oktober, Tel. 0043/52 13 56 23.
Tourist-Info: Scharnitz.

Wandernkompakt
Karwendel und Wetterstein
Bruckmann

24 Über den Gjaidsteig zur Hochlandhütte

Etappen: Karwendelhaus – Bäralplsattel – Wörnersattel – Hochlandhütte – Mittenwald

mittel

19 km

6 ¹/₂ Std.

↑ 500 m
↓ 850 m

Ausgangspunkt: Karwendelhaus.
Endpunkt: Mittenwald.
Wanderkarte: WK 323 »Karwendel – Mittenwald«, 1:50 000, Freytag & Berndt.
Markierung: Rote Punkte.
Verkehrsanbindung: Mit dem Auto: Wenn in Kombination mit Wanderung 23, dann mit dem Zug nach Schar-

nitz. Von hier zurück über die B 2 nach Garmisch und weiter auf der A 95 Richtung München. Mit dem Zug: Von Mittenwald über Garmisch direkt nach München.
Einkehr: Hochlandhütte (DAV), 1623 m, Ende Mai bis Mitte Oktober, Tel. 0174/9 89 78 63.
Unterkunft: Hochlandhütte bzw. Mittenwald. **Tourist-Info:** Mittenwald.

Wandernkompakt
Karwendel und Wetterstein
Bruckmann

25 Auf die Birkkarspitze

Etappen: Scharnitz – Karwendelhaus – Schlauchkar – Birkkarspitze

anspr.

9 km

14 Std.

↑ 1800 m
↓ 1800 m

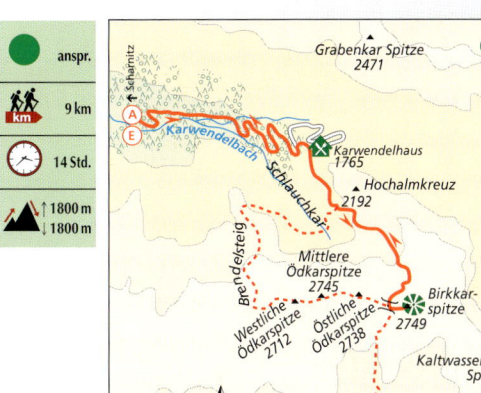

Ausgangs-/Endpunkt: Scharnitz.
Wanderkarte: WK 323 »Karwendel –
Mittenwald«, 1:50 000, Freytag & Berndt.
Markierung: Rote Punkte.
Verkehrsanbindung: Mit dem Auto: Über
die A 95 nach Garmisch. Von hier weiter
auf der B 2 an Mittenwald vorbei nach
Scharnitz. Mit dem Zug: Von München
über Garmisch und Mittenwald direkt
nach Scharnitz.
Einkehr: Karwendelhaus.
Unterkunft: Karwendelhaus (DAV),
1765 m, Tel. 0043/5213/56 23, Anfang
Juni bis Mitte Oktober.
Tourist-Info: Scharnitz.

26 Von der Eng auf den Mahnkopf

Etappen: Eng – Hohljoch – Falkenhütte – Mahnkopf – Laliderer Tal

mittel

18 km

6 ½ Std.

↑ 950 m
↓ 950 m

ja

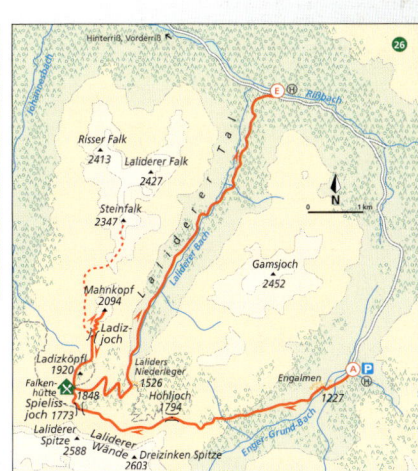

Ausgangspunkt: Parkplatz in der Eng.
Endpunkt: Bushaltestelle am Beginn des
Laliderer Tals.
Wanderkarte: WK 323 »Karwendel –
Mittenwald«, 1:50 000, Freytag & Berndt.
Markierung: Zuerst 201, dann rote
Punkte.
Verkehrsanbindung: Mit dem Auto: Auf
der A 8 bis Holzkirchen und weiter auf
der B 13 über Bad Tölz zum Sylvenstein-
speicher und weiter ins Rißtal. Auf der
Mautstraße bis zum Talschluss in der
Eng. Mit dem Zug: Von München mit der
BOB nach Lenggries und von dort an
Hochsaison-Wochenenden mit dem
Bergsteigerbus in die Eng.
Einkehr: Falkenhütte.
Unterkunft: Falkenhütte (DAV), 1848 m,
Tel. 05245/245, Anfang Juni bis Mitte
Oktober.
Tourist-Info: Vomp.

27 Aus dem Roßloch auf die Laliderer Spitze

Etappen: Scharnitz – Hinterautal – Roßloch – Laliderer Biwakschachtel – Laliderer Spitze

anspr.

32 km

9 Std.

↑1650 m
↓1650 m

Ausgangs-/Endpunkt: Scharnitz.
Wanderkarte: WK 323 »Karwendel – Mittenwald«, 1:50 000, Freytag & Berndt.
Markierung: Bis Kastenalm 224, dann rote Punkte, Steinmänner und Stangen.
Verkehrsanbindung: Mit dem Auto: Über die A 95 nach Garmisch. Von hier weiter auf der B 2 an Mit-tenwald vorbei nach Scharnitz. Mit dem Zug: Von München über Garmisch und Mittenwald nach Scharnitz.
Einkehr: Kastenalm, Mitte Juni bis Mitte September.
Unterkunft: Offene Biwakschachtel unterhalb der Laliderer Spitze.
Tourist-Info: Scharnitz.

Wandernkompakt
Karwendel und Wetterstein
Bruckmann

28 Von der Eng auf das Gamsjoch

Etappen: Eng – Gumpenjoch – Gamsjoch – Gumpenjoch – Hohljoch – Eng

anspr.

13 km

5 ¾ Std.

↑ 1300 m
↓ 1300 m

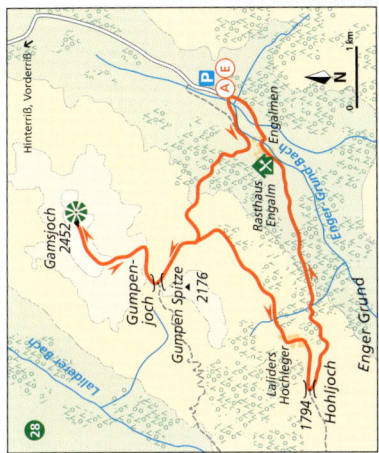

Ausgangs-/Endpunkt: Parkplatz in der Eng.
Wanderkarte: WK 323 »Karwendel – Mittenwald«, 1:50 000, Freytag & Berndt.
Markierung: Anfangs unmarkiert, dann rote Punkte.
Verkehrsanbindung: Mit dem Auto: Von München über Bad Tölz und Lenggries zum Sylvensteinspeicher. Hier rechts über Vorder- nach Hinterriß. Weiter auf der Mautstraße bis in die Eng. Mit dem Zug: Von München mit der BOB direkt nach Lenggries. Von hier an Sommer-Wochenenden mit dem Bergsteigerbus in die Eng.
Einkehr: Rasthütte Eng-Alm, Anfang Mai bis Ende Oktober.
Unterkunft: Alpengasthof Eng, Tel. 0043/5245/231, Anfang Mai bis Ende Oktober.
Tourist-Info: Vomp.

29 Aus dem Falzthurntal auf das Sonnjoch

Etappen: Falzthurntal – Bärenlahnersattel – Sonnjoch – Grameialm Hochleger – Falzthurntal

anspr.

12 km

6 Std.

↑ 1350 m
↓ 1350 m

Ausgangs-/Endpunkt: Parkplatz/Bushaltestelle 2 km vor der Grameialm.
Wanderkarte: WK 323 »Karwendel – Mittenwald«, 1:50 000, Freytag & Berndt.
Markierung: Rote Punkte.
Verkehrsanbindung: Mit dem Auto: Auf der A 8 bis Ausfahrt Holzkirchen und über Gmund, Tegernsee und die B 307 in Richtung Achensee. In Maurach rechts nach Pertisau und von hier über die Mautstraße ins Falzthurntal. 2 km vor der Grameialm gegenüber der Bushaltestelle Bärenlahner parken. Mit dem Zug: Von München mit der BOB nach Tegernsee und von hier mit dem Bergsteigerbus Nr. 9550 über Pertisau zur Haltestelle Bärenlahner (nur an Wochenenden von Anfang Juni bis Ende Oktober).
Einkehr: Grameialm Hochleger, Anfang Juni bis Mitte Oktober.
Unterkunft: Alpengasthof Gramei, Tel. 0043/5234/51 66.
Tourist-Info: Pertisau.

30 Über die Dristlalm auf die Rappenspitze

Etappen: Falzthurnalm – Dristlalm – Rappenspitze – Dristlalm – Falzthurnalm

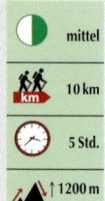

mittel

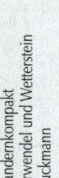

10 km

5 Std.

↑1200 m
↓1200 m

Wandernkompakt
Karwendel und Wetterstein
Bruckmann

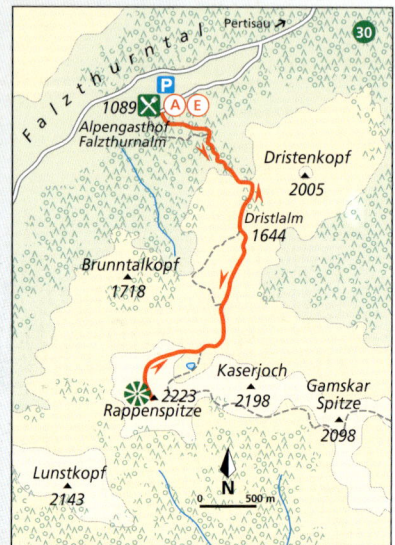

Ausgangs-/Endpunkt: Falzthurnalm.
Wanderkarte: WK 323 »Karwendel – Mittenwald«, 1:50 000, Freytag & Berndt.
Markierung: Rote Punkte.
Verkehrsanbindung: Mit dem Auto: Auf der A 8 bis Ausfahrt Holzkirchen und weiter über Gmund, Tegernsee und die B 307 in Richtung Achensee. In Maurach rechts nach Pertisau und von hier über die Mautstraße ins Falzthurntal. Bei einer Abzweigung dem Schild »Falzthurnalm« folgen und direkt vor dieser parken. Mit dem Zug: Von München mit der BOB nach Tegernsee und weiter mit dem Bergsteigerbus Nr. 9550 über Achenkirch und Pertisau zur Haltestelle » Abzweigung Falzthurnwald«. Von hier 1 km zu Fuß zur Alm (nur an Wochenenden von Anfang Juni bis Ende Oktober).
Einkehr: Alpengasthof Falzthurnalm, Tel. 0043/664/3 42 02 36, Fax 0043/664/3 48 60 37, Mitte Mai bis Mitte Oktober.
Unterkunft: Pertisau.
Tourist-Info: Pertisau.

31 Von Hochzirl auf den Großen Solstein

Etappen: Hochzirl – Solnalm – Solsteinhaus – Großer Solstein

anspr.

15 km

7 ½ Std.

↑1550 m
↓1550 m

Wandernkompakt
Karwendel und Wetterstein
Bruckmann

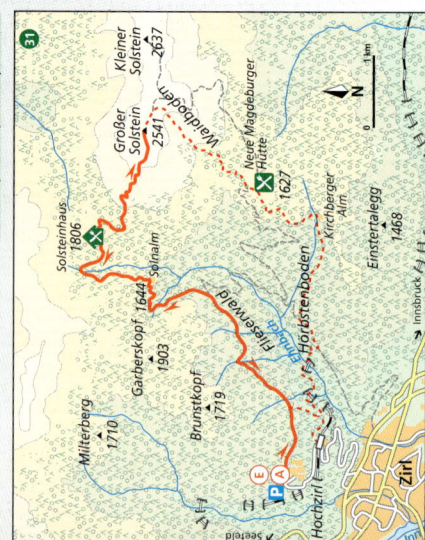

Ausgangs-/Endpunkt: Parkplatz bzw. Zughaltestelle von Hochzirl.
Wanderkarte: WK 323 »Karwendel – Mittenwald«, 1:50 000, Freytag & Berndt. Markierung: 213, 55.
Verkehrsanbindung: Mit dem Auto: Von Garmisch über die B 2 nach Scharnitz. Weiter an Seefeld vorbei hinunter nach Zirl. Dort vor Beginn der Autobahn zum nahe gelegenen Hochzirl abbiegen. Mit dem Zug: Die von München über Garmisch nach Innsbruck fahrenden Züge halten an der kleinen Haltestelle von Hochzirl.
Einkehr: Solsteinhaus; Neue Magdeburger Hütte (für die Abstiegsalternative).
Unterkunft: Solsteinhaus (AV), 1806 m, Anfang Juni bis Mitte Oktober, Tel. 0043/5352/8 15 57.
Tourist-Info: Keine.

32 Von der Seegrube auf die Brandjochspitze

Etappen: Seegrube – Frau-Hitt-Sattel – Brandjochspitze – Frau-Hitt-Sattel – Seegrube

anspr.

9 km

4 ½ Std.

↑ 600 m
↓ 600 m

Ausgangs-/Endpunkt: Bergstation Seegrube der Nordkettenbahn. Letzte Talfahrt: 17:10 Uhr (Mai, Juni, Oktober) bzw.17:40 Uhr (Juli–September).
Wanderkarte: WK 323 »Karwendel – Mittenwald«, 1:50 000, Freytag & Berndt.
Markierung: Rot.
Verkehrsanbindung: Mit dem Auto: Von Garmisch über Seefeld ins Inntal. Dort kurz auf die Autobahn, bei der Ausfahrt Völs/ Krannebitten wieder runter und nördlich des Inns über Hötting zur Hungerburg. Bei der Seilbahn parken. Mit dem Zug: Direktzug von München Hbf nach Innsbruck Hbf. Von hier zu Fuß zur nahen Museumsstraße und mit Buslinie J zur Nordkettenbahn.
Einkehr: Hotel Seegrube, 1966 m, ganzjährig bewirtschaftet, Tel. 0043/512/29 33 75.
Unterkunft: Hotel Seegrube und in Innsbruck.
Tourist-Info: Innsbruck.

Wandernkompakt
Karwendel und Wetterstein
Bruckmann

33 Über den Halleranger zur Speckkarspitze

Etappen: Scharnitz – Hinterautal – Kastenalm – Halleranger – Speckkarspitze

anspr.

31 km

13 Std.

↑ 1700 m
↓ 1700 m

Ausgangs-/Endpunkt: Scharnitz (Variante: Endpunkt Hall in Tirol).
Wanderkarte: WK 323 »Karwendel – Mittenwald«, 1:50 000, Freytag & Berndt.
Markierung: Zuerst 224, dann 223 (Variante 222).
Verkehrsanbindung: Mit dem Auto über die A 95 nach Garmisch. Von hier weiter auf der B 2 an Mittenwald vorbei nach Scharnitz. Mit dem Zug von München über Garmisch und Mittenwald nach Scharnitz. (Vari-

ante: Von Hall mit Umsteigen in Innsbruck nach München).
Einkehr: Hallerangeralm, Hallerangerhaus.
Unterkunft: Hallerangeralm (privat) 1770 m, Tel. 0043/5213/52 77, Internet: www.hallleranger-alm.at bzw. Hallerangerhaus (DAV), 1768 m, Tel. 0043/5213/53 26; beide von Anfang Juni bis Mitte Oktober bewirtschaftet.
Tourist-Info: Scharnitz.

Wandernkompakt
Karwendel und Wetterstein
Bruckmann

34 Vom Halltal auf den Großen Bettelwurf

Etappen: Halltal – Bettelwurfhütte – Großer Bettelwurf – Halltal

anspr.

9 km

7 Std.

↑ 1750 m
↓ 1750 m

Ausgangs-/Endpunkt: Zweite Ladhütte im Halltal.
Wanderkarte: WK 323 »Karwendel – Mittenwald«, 1 : 50 000, Freytag & Berndt.
Markierung: Rote Punkte.
Verkehrsanbindung: Mit dem Auto: Auf der A 8 zum Inntaldreieck und über die Inntalautobahn (A 93 bzw. A 12) bis Ausfahrt Hall. In Hall den Schildern »Gnadenwald« folgen. Am Ende der langen geraden Straße in einer Kurve geradeaus dem Schild »Halltal« folgen

(Maut) und durch dieses hinauf bis zur zweiten Ladhütte; gegenüber parken. Mit dem Zug: Von München nach Innsbruck und von hier mit der Linie E zur Haltestelle Absam-Eichat/Bettelwurfsiedlung. Ab hier zu Fuß durchs Halltal zum Ausgangspunkt (30 Min. zusätzlich).
Einkehr/Unterkunft: Bettelwurfhütte (ÖAV), 2079 m, Tel. 0043/5223/5 33 53, Mitte Juni bis Mitte Oktober.
Tourist-Info: Hall in Tirol.

Wanderkompakt
Karwendel und Wetterstein
Bruckmann

35 Die große Karwendeldurchquerung

Etappen: Scharnitz – Karwendelhaus – Falkenhütte – Lamsenjochhütte – Falzthurntal

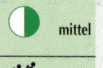

mittel

46 km

15 Std.

↑ 2000 m
↓ 2000 m

Ausgangspunkt: Scharnitz.
Endpunkt: Falzthurntal bzw. Pertisau.
Wanderkarte: WK 323 »Karwendel – Mittenwald«,
1:50 000, Freytag & Berndt.
Markierung: Rote Punkte.
Verkehrsanbindung: Mit dem Zug: Anreise direkt von
München über Garmisch nach Scharnitz. Zurück mit
dem Bergsteigerbus 9550 nach Tegernsee (an Wochen-
enden) und von dort mit der BOB direkt nach München.

Einkehr/Unterkunft: Karwendelhaus, 1765 m, Tel.
0043/5213/56 23; Falkenhütte, 1846 m, Tel.
0043/5254/245; Lamsenjochhütte, 1953 m, Tel.
0043/5244/6 20 63, (alle DAV und von Anfang Juni bis
Mitte Oktober bewirtschaftet. Bei Etappe 1 über Tour
23 zusätzlich Pleisenhütte (privat), 1757 m, Anfang Juni
bis Mitte Oktober sowie ganzjährig an Wochenenden,
Tel. 0043/664/9 15 87 92
Tourist-Info: Scharnitz, Pertisau.

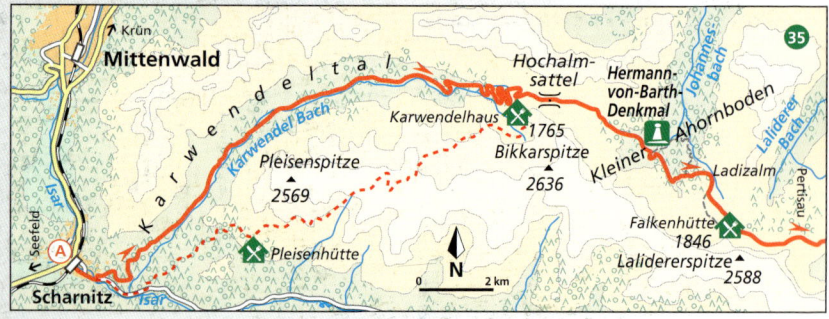

Wandernkompakt
Karwendel und Wetterstein
Bruckmann